So geht's!

DEMOKRATIE FÜR KIDS

Projektbetreuung Christian Noß
Herstellungskoordination Bettina Bähnsch
Herstellung Sophie Schiela

Text, Satz und Gestaltung Christine Paxmann
Lektorat Linda Sturm-Becker

ISBN 978-3-8310-4326-2
5902-970298-22358-04

Repro Farbsatz, Neuried
Druck und Bindung TBB, Slowakei

MIX
Papier | Fördert gute Waldnutzung
FSC® C018179

www.dk-verlag.de

Der Verlag dankt folgenden Personen und Institutionen für die freundliche Genehmigung für den Abdruck von Bildern:
(Abkürzungen: o = oben, u = unten, m = Mitte, l = links, r= rechts, g = ganz)
Dreamstime.com: Ernest Akayeu 4, 5or, 5or (Jana), 5mro, 5cr, 5mru, 5ur, 5ur (Oma), 6mru, 6ur, 7ol, 7ol (Jana), 7mlo, 7b, 8-9u, 10, 11mu (Jana), 12mro, 12u, 13, 14-15, 17u, 18, 19u, 20-21u, 22u, 24ol, 24ol (Opa), 24gol, 26u, 29, 30-31u, 32-33, 34-35, 36-37, 38mr, 38mru (Frau), 38ur, 39, 40, 41om, 41u, 42or, 42or (Mann), 42mro, 42mr, 43, 44o, 44ul, 44ur, 45u, 46mro, 46mr, 46u, 47mo, 47mu, 47ur, 50ul, 50ul (Frau), 50gul, 51, 52, 53ur, 54, 55, 56-57u, 57ol, 60, 61ul, 62, 63ur, 64, 65or, 65mro, 66, 67, 68-69, 70-71, 74or, 74mlo, 74mro, 74u, 76-77, Mast3r 58-59u, 78-79u, Tatyana Merkusheva 19ol, Sergey Novikov 71mru, VectorMine 72-73u, Volhah 65ur.
Alle anderen Illustrationen sind von **Christine Paxmann**.
Umschlag vorne und hinten: **Dreamstime.com:** Ernest Akayeu.

So geht's!

DEMOKRATIE FÜR KIDS

DK

INHALT

LIEBE JUNGE LESER*INNEN,

Ihr wisst, wofür das **Sternchen *** steht? Genau, es sollen sich einfach alle Menschen angesprochen fühlen, egal welches Geschlecht sie haben, denn jeder Mensch soll gleichbehandelt werden. So ist das in einer **Demokratie** wie in der **Bundesrepublik Deutschland**.

Leider sind nicht alle Dinge mit einem Sternchen zu lösen. Und je mehr Menschen bei etwas mitbestimmen wollen, um so komplizierter wird es. In Deutschland leben **82 Millionen Menschen** zwischen 0 bis 110 Jahren und rundherum leben in vielen Nachbarländern weitere Millionen Einwohner*innen. Da muss das Miteinander klappen, sonst gibt es Streit.

Im Laufe ihrer **2400-jährigen Geschichte** hat sich die Demokratie als ziemlich gutes System herausgestellt. Und so kriegt sie unter den Regierungsformen eine **1***. Demokratie, so heißt die Staatsform, in der das Volk regiert, eigentlich. Denn natürlich können nicht alle 82 Millionen Menschen direkt regieren! Da würden schnell alle Sternchen vor den Augen sehen! Leider gibt es auch keinen Zauberstab, mit dem man einmal „bling“ macht und mit einem Sternchenregen sind alle Themen und Probleme eines Landes gelöst.

„Demokratie leben“ erfordert viel Rücksichtnahme. Und man muss die Demokratie ständig pflegen! Ja, sie ist fast wie ein **Baukasten** mit einem Fundament, Ebenen, Säulen, Rädchen, die ineinandergreifen, und einem Dach, von dem aus einige den Überblick behalten müssen.

Wir haben versucht, das ganze Thema tatsächlich von der **Basis**, vom **Volk** aus, zu erklären. Vertreten wird „unser Volk“ von unserer **Familie Strudel**: Mama, Papa, die drei Kinder Leon, Jana und Anna sowie Oma und Opa. Was sie alle in einem Wahljahr erleben, ist ziemlich genau das, was Regieren und Mitregieren auch schon für euch Kinder bedeutet. Vielleicht kommt euch manches bekannt vor? Umso besser, dann seid ihr schon mittendrin: in der Demokratie.

Viel Spaß damit,
Eure Christine Paxmann
und die Mitarbeiter*innen vom DK Verlag

FAMILIE STRUDEL

Wenn Familie Strudel um ihren runden Esstisch sitzt, geht es meist ziemlich turbulent zu. Jeder möchte etwas sagen und alle zur gleichen Zeit.
„Nicht alle durcheinander", mahnt Mama Laura, „denkt an unsere Reihenfolge!"
Papa Nico verzieht sich hinter seine Zeitung, um über Politik zu lesen, und sagt: „Aber keine Angst, ich höre euch trotzdem zu!"

Jetzt dürfen die drei Kinder endlich reden, das jüngste zuerst. Leon ist acht. Über seine Schwester Jana, die nur drei Jahre älter ist, regt er sich manchmal ganz schön auf. Sie tut so, als wüsste sie alles.
Anna, mit ihren 19 Jahren die Große, muss häufig den Streit schlichten. Das kann sie besonders gut, denn sie studiert schon und ist Streitschlichterin in der Studentenvertretung.

Was ist denn Politik?

**Der Ausdruck kommt aus dem Griechischen. Die Stadtstaaten im antiken Griechenland hießen Polis.
Politkà bezeichnete die Angelegenheiten des Staates. Heute meint man mit Politik alles, was nötig ist, um das Zusammenleben in der Gesellschaft zu regeln.**

BESTIMMER*IN SEIN

Leon ärgert sich oft sehr, wenn er zu wenig zu Wort kommt. Deshalb darf er als jüngstes Familienmitglied immer zuerst reden. „Die Schwächsten muss man besonders behandeln!", spottet Jana und erntet dafür einen bösen Blick von Leon.
Leon erzählt, dass er heute im Fußballverein zum Kapitän gewählt worden ist. Was er als Kapitän alles tun muss, weiß er noch nicht, aber die Armbinde findet er toll.
Jana ist Klassensprecherin und erklärt Leon genervt, das sei wie Fußballkapitän, nur ohne Ball.
Anna passt auf, dass die beiden friedlich bleiben. Als Streitschlichterin muss man darauf achten, dass man nicht selbst Wut abkriegt.

MAMA UND PAPA FINDEN ES GUT, ...

... dass ihre Kinder Verantwortung und Aufgaben übernehmen.
Als Klassensprecherin ist man Vermittlerin zwischen der Klasse und den Lehrer*innen.
Als Fußballkapitän steht man zwischen der Mannschaft und dem Trainer und muss ein guter Spieler sein.
Als Streitschlichterin muss man gelassen bleiben und darf sich nicht von der schlechten Stimmung anstecken lassen.
„Das ist Demokratie", sagen die Eltern.

„Wenn viele mitreden wollen, braucht es Vertreter*innen, die für die Gruppe, die sie vertreten, sprechen."
„Bist du deshalb auch im Betriebsrat, Mama?", fragt Jana.
„Genau, ich will nämlich, dass sich die Menschen, die in der Firma arbeiten, gemeinsam um Probleme kümmern und Lösungen finden", erklärt Mama Laura, „auch wenn auf beiden Seiten manchmal ganz schöne Betonköpfe sitzen!"

Papa Nico

Mama Laura

PAPA KÜMMERT SICH UM SCHULEN

„Und du bist der Vertreter von den Schulen, oder, Papa?“, fragt Leon.
Papa Nico nickt: „Ich bin im Rathaus für alle Themen rund um die Schule zuständig und muss oft mit der Schatzmeisterin und dem Bürgermeister reden.“
Die Schatzmeisterin verwaltet das Geld, das für Schulen, Straßen und Spielplätze gebraucht wird. Der Bürgermeister ist der gesetzliche Vertreter der Gemeinde.
„Und hört dein Bürgermeister immer auf dich?“, will Leon wissen.
„Ein wenig diskutieren müssen wir schon!“, grinst Papa. „Der Bürgermeister ist der Vorsitzende des Stadtrats. Wenn der Stadtrat etwas beschließt, sorgt der Bürgermeister dafür, dass es umgesetzt wird.
Im Stadtrat sitzen Gemeindevertreter*innen, die wir Bürger*innen wählen. Sie alle regeln unser Miteinander hier in der Stadt, und somit euren Alltag.“ Papa grinst immer noch breit, denn es freut ihn, dass sich seine Kinder für Politik interessieren.

Stadtrat, Gemeinde, ...

... puh, Leon schwirrt der Kopf. Papa erklärt: „Als Gemeinde oder Kommune bezeichnet man einen Ort, an dem Menschen zusammenleben. Das kann eine Stadt und ihr Landkreis oder nur eine Ansammlung von kleinen Dörfern sein. Die Regierung sitzt in einem Rathaus, Stadthaus oder Gemeindehaus. Die Gemeinde übernimmt bestimmte Aufgaben für ihre Bewohner*innen, zum Beispiel können Paare in der Gemeinde heiraten.“

Mensch, Papa!

„Das Wort Kommune kommt aus dem Lateinischen. Könnt ihr euch vorstellen, was *communis* bedeutet?“, fragt Papa. Jana guckt genervt. „Du bist so ein Oberlehrer!“ „Danke, Jana. Es heißt gemeinschaftlich!“

WER DIE WAHL HAT ...

Leon ist mit Mama beim Einkaufen. Er darf sich heute neue Fußballschuhe aussuchen. „Ich kann mich nicht entscheiden, irgendwie sind alle gleich!“, jammert er.
Mama schmunzelt: Sind sie doch gar nicht, die einen haben andere Farben, bei den anderen sind die Sohlen besonders.“ Da entdeckt Leon seine neuen Schuhe: „Ich will die mit dem FC Bayern-Logo, dann sehen alle, dass ich Fan bin!“ Leon greift zu den knallroten Schuhen.
Mama runzelt die Stirn. „Sollen das wirklich alle wissen?“, fragt sie.
„Unbedingt, weil die dann denken, ich spiele auch so gut“, grinst Leon. Er weiß natürlich, dass das Quatsch ist, aber mit den neuen Schuhen fühlt er sich trotzdem richtig gut.

WENN MAN DIE WAHL HAT ...

... hat man auch die Qual. Bald ist nämlich nicht nur Bürgermeister*inwahl, sondern auch Bundestagswahl. Und als Familie Strudel am Abend vor dem Fernseher sitzt, kommt direkt nach den Nachrichten die Wahlkampfsendung einer Partei. Alle in der Familie geben Kommentare ab.
„Boah, hat die aber komische Haare“, sagt Jana.
„Was sie sagt, ist aber gut. Sie vertritt endlich mal uns Jugendliche“, ereifert sich Anna.
Papa meint: „Ganz schön mutig und erfrischend anders als die übrigen Politiker*innen!“
Mama verzieht das Gesicht: „Ich weiß nicht so recht, besonders sympathisch finde ich sie trotzdem nicht.“
„Ich habe kaum was von dem verstanden, was sie gesagt hat“, schimpft Leon. „Können diese Politiker sich nicht einfacher ausdrücken?“
„Willst du die wählen?“, fragt Jana ihre große Schwester.
Alle schauen Anna neugierig an. Bei der Bundestagswahl darf sie zum ersten Mal in ihrem Leben auch wählen gehen.
Anna zuckt mit den Schultern. „Ich weiß noch nicht genau, welche Partei ich wählen soll. Es ist gar nicht so einfach, sich zu entscheiden.“
„Das kenne ich“, grinst Leon. „Genau wie bei Fußballschuhen!“

Wahlwerbespots

Vor Bundestagswahlen dürfen Parteien, die bundesweit tätig sind, in ARD, ZDF und den Regionalprogrammen Wahlwerbespots veröffentlichen. Das erlaubt das Parteiengesetz.

WELCHE PARTEI PASST ZU MIR?

„Ich will eine Partei, die den Schulbeginn auf 10 Uhr vormittags legt“, sagt Jana.
„Ich will eine Partei, die Fußball zum Hauptfach macht“, wünscht sich Leon.
Und Papa wedelt mit der Zeitung und sagt: „Ich will, dass Zeitunglesen Schulfach wird, damit alle Kinder falsche von echten Wahrheiten unterscheiden lernen.“
„Müssen wir uns jetzt alle Parteiprogramme durchlesen, um herauszufinden, welches die richtige Partei für uns ist?“, fragt Jana.
Anna hat ihren Laptop aufgeklappt. „Wie wäre es, wenn wir einfach mal schauen, was der Wahl-O-Mat für euch errechnet? Ihr müsst nur ein paar Fragen beantworten, dann sagt er euch, mit welcher Partei eure Meinung am meisten übereinstimmt! Vielleicht finde ich so ja auch heraus, welche Partei ich wählen sollte.“ Alle machen begeistert mit.

Ab 18 Jahren ...

... darf man in Deutschland wählen und so die Demokratie mitgestalten. Eine Wahlpflicht gibt es nicht, das heißt, man muss nicht wählen. Wer nicht wählt, darf sich dann aber auch nicht beschweren, wenn ihm die Zustände nicht gefallen. Noch mehr gestalten kann man, wenn man sich politisch engagiert und zum Beispiel einer Partei beitritt. Das geht schon ab dem 14. Lebensjahr.

Wahlprogramme

Jede Partei hat ein Wahlprogramm, in dem drinsteht, wofür eine Partei sich einsetzt, für welche Werte sie steht und was sie erreichen möchte. Das Programm wird in der Regel von den Parteimitgliedern auf einem Parteitag beschlossen, den jede Partei regelmäßig abhält.
Man kann die Programme auf den Webseiten der Parteien nachlesen, auch in verkürzter Form. Oder die Kandidat*innen verteilen Aufkleber mit dem Wahlslogan und dem Parteilogo. Das ist dann so ähnlich wie das Vereinslogo am Fußballschuh. Leute können so offen zeigen, für wen sie sind.
Vor wichtigen Wahlen wie der Bundestagswahl nehmen sich die Parteien oft große Ziele vor. Nicht immer werden die dann nach der Wahl umgesetzt. Solche Pläne nennt man Wahlversprechen.

Wahl-O-Mat

Den Wahl-O-Mat gibt es seit 2002. Er ist eine Frage-und-Antwort-Plattform im Internet. Alle zur Wahl zugelassenen Parteien dürfen sich daran beteiligen. Mit seiner Hilfe kann man herausfinden, welcher Partei man nahesteht. Dazu muss man 38 Aussagen mit „ich stimme zu“ oder „ich stimme nicht zu“ beantworten. Dann vergleicht der Wahl-O-Mat das mit den Antworten der Parteien und zeigt, mit wem man am meisten übereinstimmt. Das ist eine gute Methode, um Parteiprogramme kennenzulernen.

KÖNNEN KINDER POLITIK MACHEN?

Jana ist empört. Vor ihrer Schule, genau da, wo sie mit ihren Freundinnen immer noch eine Weile herumstehen und Spaß haben kann, soll ein neuer Kiss-and-Ride-Parkplatz hin! „Die Ecke ist so schön, da ist dieser tolle Baum und ein Busch. Und wenn es regnet, macht uns das gar nichts aus. Sollen die den Parkplatz doch an die Turnhalle drankleben!" Mama horcht auf: „Was ist denn ein Kiss-and-Ride-Parkplatz?"

„Na so einer, wo man nur kurz stehen bleibt und das Kind aus dem Auto springen lässt, damit es ja keinen Meter zu Fuß laufen muss, bevor es lange in der Schule sitzt", erklärt Papa. „Ich fände es schon cool, wenn du mich mal mit der Limousine vom Bürgermeister samt Chauffeur in die Schule bringen würdest", sagt Leon.
Jana funkelt ihn wütend an.

MITBESTIMMEN

„Gibt es denn keine Möglichkeit, dagegen was zu machen?", fragt Jana ihren Vater. „Doch, bestimmt. Du bist ja wahrscheinlich nicht allein mit deiner Wut. Geht zu eurer Klassenlehrerin und fragt sie, wann ihr einen Kinderrat einberufen dürft, weil ihr Fragen zu dem Parkplatz habt. Gut wäre, wenn auch die Lehrerin, die Direktorin und jemand vom Planungsreferat der Stadt dabei wäre. Begründet euren Wunsch. Ihr seid diejenigen, die den ganzen Tag in der Schule sind. Für euch muss das Umfeld stimmen. Habt ihr Ideen, wie es anders gehen könnte?", fragt Papa.

„Klar haben wir Ideen", sagt Jana, „man könnte ein FuRaRo-Bonusheft ausgeben. Alle, die zu Fuß, mit dem Rad oder Roller in die Schule kommen, kriegen einen Stempel. Wer am Ende des Jahres die meisten in seinem Heft hat, hat gewonnen." Papa nickt erfreut. „Sehr gut, mit solchen Vorschlägen könnt ihr in die Sitzung gehen. Ihr könnt euch auch „Anwälte" mit dazu nehmen. Zum Beispiel bieten viele Parteien an, die Interessen der Kinder zu vertreten. Im Rathaus gibt es auch eine Kinderbeauftragte, die kann euch Tipps geben."

DREI TAGE SPÄTER

Der Kinderrat war ein voller Erfolg. Jana und einige Freundinnen haben mit der Direktorin gesprochen. Sie hat die Turnhalle zur Verfügung gestellt. Vor dem Termin haben sie noch bei ihren Mitschüler*innen Unterschriften gesammelt und ihnen von der Versammlung erzählt. Über die Hälfte aller Schüler*innen sind dann gekommen, außerdem die Direktorin, viele Lehrer*innen, zwei Vertreter*innen von Parteien und ein Mann von der Stadt.

„Erst habe ich geredet, dann die Direktorin und dann der Mann von der Stadt. Das war öde, denn der hat lauter komplizierte Sachen gesagt über Bauverordnungen, Sicherheit und Fluchtwege, die keiner verstanden hat. Aber dann haben sich die Leute von den Parteien ins Zeug gelegt und es wurde spannend. Im Anschluss wurde diskutiert. Am Ende gab es ein Protokoll mit Argumenten, pro und contra!"

Jana ist ganz rot geworden im Gesicht, so aufgeregt ist sie.

„Und das Ergebnis?", fragt Leon neugierig.

„Das Ganze kommt noch mal in einen Ausschuss!", sagt Jana stolz. „Und die Parkplatz-Pläne liegen erst mal auf Eis!"

Pro & contra

***Pro* bedeutet für, *contra* heißt gegen. Ein Argument ist eine Begründung oder ein Beweis für eine Behauptung.**

Jana

Direkt geht's am besten

Viele Gemeinden wollen Politik mit und für Kinder machen. Es gibt Kinderbeauftragte, die Versammlungen für Kinder abhalten oder sogar Kinderparlamente einrichten. Dort wird gefragt, was sich Kinder wünschen. Häufig sind es Verbesserungen zur Freizeit, zum Beispiel mehr Bolzplätze, mehr Bäume oder Toiletten auf Spielplätzen. Wichtig ist, dass diese Wünsche dann auch verwirklicht werden und die Kinder erkennen, dass sie ernst genommen werden.

Demokratie für Kids

Das Beispiel von Jana zeigt, dass Kinder mit der Mitsprache genau dort starten können, wo sie sind, nämlich in der Schule. Auf diesen Internetseiten kann man sich darüber informieren:

Das **Bundesministerium für Familie, Senioren, Frauen und Jugend** stellt ein Programm zur Verfügung, das Gemeinden auffordert, das Thema Demokratie gemeinsam mit Kindern und Jugendlichen zu gestalten. Viele Städte setzen das erfolgreich um: www.demokratie-leben.de

Hanisauland heißt die Internetseite der **Bundeszentrale für politische Bildung**, wo Kinder Fragen zu Demokratie und Politik stellen können: www.hanisauland.de

Die Sendung mit der Maus hat eine Themenseite zu Demokratie mit Gastbeiträgen: www.wdrmaus.de/extras/mausthemen/demokratie/index.php5

Seit 1977 gibt es mit **logo!** eine Nachrichtensendung für Kinder: www.zdf.de/kinder/logo

Die Suchmaschine für Kinder **FragFinn** bietet 11 000 Seiten mit Informationen für Kinder, die von Fachleuten geprüft wurden: www.fragfinn.de

Das **Institut für Demokratieforschung** bietet Informationen und Spielideen an, mit denen man Demokratie üben kann: www.kinderdemokratie.de/planspiel

WIE WIRD MAN BÜRGERMEISTER*IN?

Papa ist nervös. Demnächst ist Bürgermeister*inwahl. Jana versteht nicht, was es da groß zu wählen gibt. Der jetzige Bürgermeister, Papas Chef im Rathaus, ist doch supernett!
„Ja, aber stell dir vor, der wäre nicht nett und man müsste ihn jahrelang aushalten?“, grinst Papa. „Da ist es doch besser, es wird alle paar Jahre neu gewählt!“

Leon fragt: „Kann eigentlich jeder Bürgermeister werden?“ Da mischt sich Anna ein: „Das heißt jetzt Bürgermeister*in, es kann schließlich auch eine Frau sein!“
Mama muss lachen: „Wer von euch möchte noch eine Scheibe vom Bürgermeister*instück?“, fragt sie und zeigt auf den Braten.

Saftig

Früher reservierten Metzger ein besonders gutes Stück vom Rind für den Bürgermeister!

Leon

VIEL ZU TUN

„Grundsätzlich kann sich in Deutschland jede*r zur Wahl als Bürgermeister*in aufstellen lassen. So heißt es, wenn man Kandidat*in wird. Das Wort kommt aus dem ...?“, Papa schmunzelt, als er die genervten Gesichter seiner Kinder sieht. „Die Bedingungen sind aber von Bundesland zu Bundesland unterschiedlich. In manchen Ländern kann man schon ab 18 gewählt werden, in anderen erst ab 25. Eine Altersbegrenzung nach oben gibt es auch: Man darf höchstens 68 sein!“

„Aber Präsident*in der USA oder Papst kann man auch mit fast 80 noch werden!“, wundert sich Jana. Papa zuckt mit den Schultern. „Bürgermeister*innen sollen für alle Generationen da sein. Da ist ein mittleres Alter genau richtig!“

„Was machen Bürgermeister*innen?“, fragt Leon. Seine Berufswünsche wechseln derzeit häufig. Gestern wollte er noch Schornsteinfeger werden. Wahrscheinlich wegen des coolen Zylinders.
„Bürgermeister*innen brauchen Lebenserfahrung, müssen gut reden können und vor allem die Wünsche ihre Bürger*innen ernst nehmen“, antwortet Papa. „Theater, Betriebe, Schulen, Straßenreinigung, Krankenhäuser – in einer Stadt gibt es viel zu tun!“, ergänzt Anna.
„Boah, ist das viel, wie schaffen die das?“, fragt Leon.
„Dafür haben sie Leute wie mich“, grinst Papa.

Wie werden Bürgermeister*innen gewählt?

- Bürgermeister*innen werden von den Bürger*innen gewählt. Oft gehören die Kandidat*innen einer Partei an. Ungefähr ein Jahr vor der Wahl fangen sie an, sich vorzustellen. Sie laden zu Veranstaltungen ein und reden mit den Menschen.
- Die Wahl ist persönlich. Viele Helfer*innen machen mit und hängen Wahlplakate auf. Einige Wochen vor der Wahl werden die Wahlunterlagen an alle Bürger*innen ab 18 Jahren verschickt. Ab 18 darf man wählen.
- Am Tag der Wahl werden im Ort Wahllokale eingerichtet. Dort geht man hin und gibt seine Stimme ab. Abends beginnt das Auszählen der Wahlzettel. Wer die meisten Stimmen erhalten hat, wird Sieger*in. Geht es unentschieden aus, gibt es eine Stichwahl.

EIN LOKAL ZUM WÄHLEN?

„Seine Stimme in einem Lokal abgeben? Das klingt ja schlimm“, findet Leon. Er ist nicht mehr ganz sicher, ob er wirklich Bürgermeister werden will.
„Ach Leon, das ist doch kein Restaurant, sondern einfach ein Ort zum Wählen! Und mit der Stimme ist der Stimmzettel gemeint, mit dem man bei der Wahl abstimmt! Oh Mann, Jungs!“, Jana verdreht gekonnt ihre Augen.
„Im Wahllokal geht man in eine Wahlkabine. Dort kann man unbeobachtet den Stimmzettel ausfüllen. Das ist wichtig, weil eine Wahl geheim ist. Es soll niemand Einfluss nehmen und niemand muss sagen, wen er oder sie wählt“, erklärt Papa mit wichtiger Stimme.
„Also weiß Mama nicht, wen du wählst?“, fragt Jana.
„Theoretisch nicht, aber praktisch kann man eurer Mutter ja nichts verheimlichen“, grinst Papa.

Angeberlatein

Lokal kommt … richtig, aus dem Lateinischen: *„locus“* = *Ort*! *Kandidat* kommt vom lateinischen Begriff *toga candida* = *weiße Robe,* die im alten Rom ein Anwärter auf ein Amt zu tragen hatte.

WAS FÜR WAHLEN GIBT ES NOCH?

**Papa ist im Stress, denn zeitgleich mit der Bürgermeister*inwahl stehen auch die Stadtratswahlen an. Im Rathaus ist deshalb eine Menge zu tun.
„Bundestag, Bürgermeister*in, Stadtrat – was wird denn noch alles gewählt?", fragt Leon.
„Also", setzt Papa zu einer längeren Erklärung an, „in den Städten und Gemeinden gibt es Kommunalwahlen. Da werden die Parlamente der Städte und Gemeinden gewählt. Bürgermeister*innen werden oft direkt gewählt.
Dann gibt es noch die 16 Bundesländer in Deutschland. Für deren Parlamente, die Landtage, werden ebenfalls Abgeordnete gewählt, die uns dort vertreten.
Und schließlich gibt es auf der obersten Ebene für ganz Deutschland den Bundestag, der in der Bundestagswahl gewählt wird."**

DIE KOMMUNALWAHL

„Kommunal bedeutet: die Gemeinde, die Stadt betreffend", erklärt Papa. „Das Wort kommt natürlich aus dem Lateinischen."
Leon stöhnt genervt auf.
„In den Kommunalwahlen wählen wir unsere Vertreter*innen hier direkt vor Ort. Sie entscheiden über alles, was uns hier in der Stadt betrifft. Zum Beispiel auch darüber, ob neben der Grundschule ein neuer Fußballplatz angelegt werden soll."
„Im Ernst? Ein neuer Fußballplatz?", Leon strahlt.
„Das heißt, was im Stadtrat entschieden wird, hat ganz viel mit unserem Alltag zu tun", stellt Jana fest, die zugehört hat.
„Auf jeden Fall!", Papa nickt. „ Das merkt man auch im Wahlkampf. Da versuchen die Politiker*innen, auf der Straße mit uns ins Gespräch zu kommen, und erklären, welche Ziele sie für uns erreichen wollen. Wir können sie kennenlernen und dann entscheiden: Mögen wir nicht nur die Politik, die sie vertreten, sondern auch ihre Art? Wenn man eine Politikerin oder einen Politiker mag, glaubt man eher, dass sie oder er die Aufgaben gut machen wird. Immer klappt das aber nicht, deshalb sollte man auch die Parteiprogramme kennen und die Zusammenhänge verstehen."
Leon hört kaum noch zu. Er träumt schon vom neuen Fußballplatz.

Stadt- und Gemeinderät*innen

sind meist ehrenamtlich, das heißt neben ihrem normalen Beruf im Stadtrat tätig.

Landtag

Der Landtag ist das *Parlament der Länder*. In Bremen heißt es Bürgerschaft und in Berlin Abgeordnetenhaus. Die Aufgabe des Landtags ist es, die Landesregierung zu kontrollieren, Ländergesetze zu erlassen und zu entscheiden, wofür im Land wie viel Geld ausgegeben wird.

Was ist Föderalismus?

Die Bundesrepublik Deutschland ist ein Zusammenschluss von 16 Bundesländern. Früher war Deutschland ein Puzzle aus lauter einzelnen Ländchen und Stadtstaaten. Um jedem Land seine Selbstbestimmung zu lassen, bekam die Bundesrepublik die Form des Föderalismus. Das bedeutet, dass die einzelnen Bundesländer sich zwar zusammengeschlossen haben, aber trotzdem nicht alles in der Hauptstadt Berlin bestimmt wird. Viele Aufgaben liegen in der Hand der Bundesländer und werden überall ein bisschen anders gemacht. Länder, die keine Aufteilung in Bundesländer haben, nennt man zentralistisch. In Frankreich zum Beispiel sitzt die gesamte politische Macht in Paris.

In den Landtagswahlen bestimmt das Volk die Volksvertreter*innen des Bundeslandes. Die Bundesländer haben Parlamente in ihren Hauptstädten. Davon gibt es 16 in Deutschland.

EIN PARLAMENT FÜR SCHÜLER*INNEN?

Jana kommt aufgeregt vom Treffen der Schülersprecher*innen nach Hause: „Heute war die Landesschülersprecherin bei uns an der Schule. Sie hat uns geraten, ein Schülerparlament in unserer Stadt zu gründen, damit wir uns besser austauschen können."

„Was ist ein Schülerparlament?", fragt Leon. „Darin wären Vertreter*innen von allen Schulen der Stadt und würden über Dinge reden, die alle Schulen angehen", erklärt Jana. „Das ist ein bisschen wie der Bundestag, oder, Papa?"

Parlament

Das Parlament ist die Volksvertretung, bei uns ist das der Bundestag.

DIE VOLKSVERTRETUNG

Papa nickt. „Ja, der Bundestag ist das Parlament für die Bundesrepublik Deutschland. In ihm kommen die Volksvertreter*innen zusammen und beraten über Gesetze, die in Deutschland gelten sollen. Außerdem kontrollieren sie die Arbeit der Bundesregierung."
Leon runzelt die Stirn. „Und wer entscheidet, welche Leute im Bundestag sind?"
„Bekommst du denn gar nichts mit?", fragt Jana. „Die werden von den Bürger*innen bei der Bundestagswahl gewählt. Die ist doch schon bald!"

„Genau", sagt Papa. „Alle Bürger*innen bestimmen bei der Wahl, wer sie im Parlament vertreten darf. Natürlich ist das bei einer Bundestagswahl mit über 60 Millionen Wahlberechtigten, 299 Wahlkreisen und vielen Parteien ganz schön aufwendig – viel schwieriger als bei einem Schülerparlament."

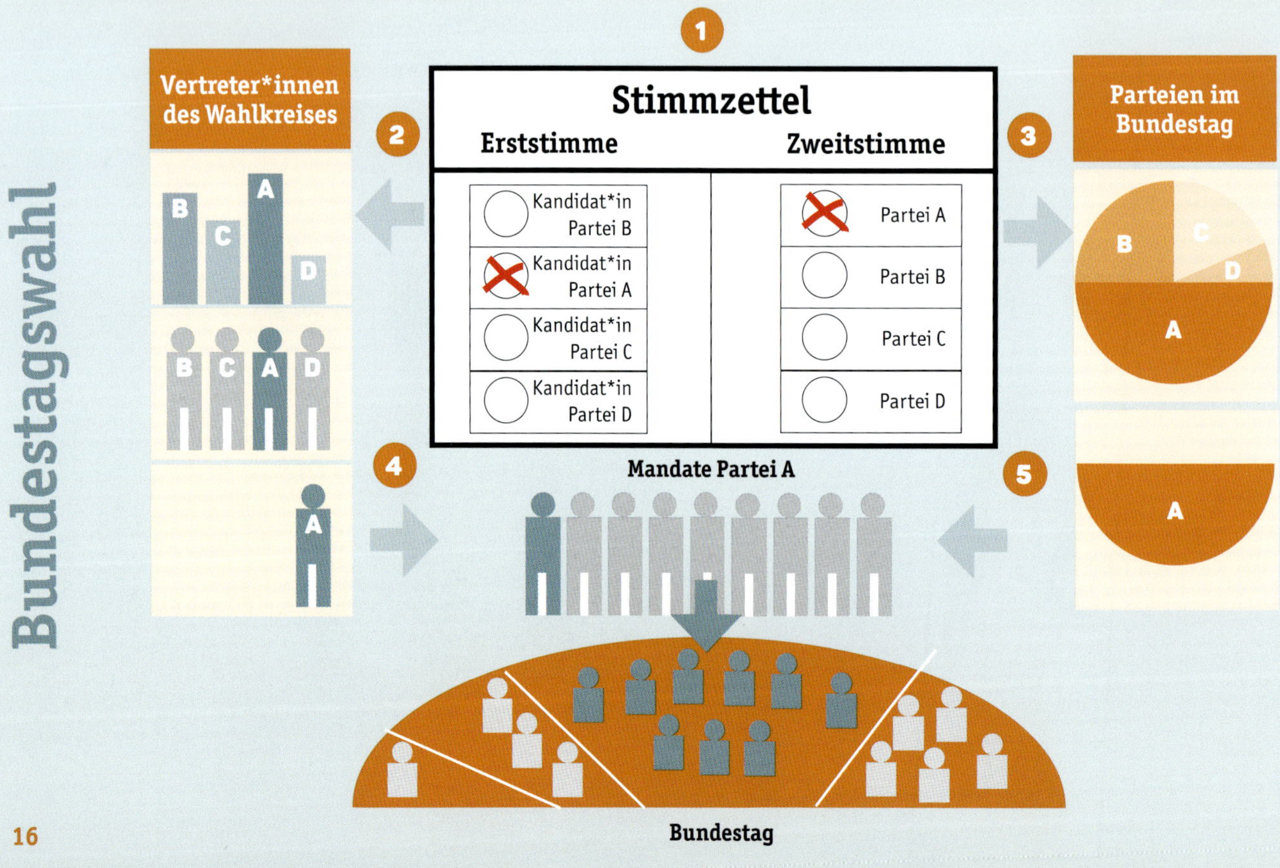

Mandat

bedeutet Vertretungsauftrag. Mit einem Mandat beauftragen wir einen Menschen damit, uns im Bundestag zu vertreten.

Bundestagswahl

1 **Der Stimmzettel** oder Wahlzettel für die Bundestagswahl ist in zwei Hälften geteilt. Links stehen die Kandidat*innen für die Erststimme. Rechts stehen die Parteien für die Zweitstimme.

2 **Erststimme:** In Deutschland gibt es 299 Wahlkreise. Jede Partei kann pro Wahlkreis eine Kandidatin oder einen Kandidaten aufstellen. Man darf hier nur ein Kreuz machen.

3 **Zweitstimme:** Auf der rechten Seite des Stimmzettels stehen keine Menschen, sondern alle Parteien, die sich zur Wahl stellen. Mit der Zweitstimme entscheiden sich die Wähler*innen also nicht für einen Menschen, sondern für eine Partei.

4 **Vertreter*innen des Wahlkreises:** Wer von allen Kandidat*innen die meisten Erststimmen erhält, kommt in den Bundestag. Das nennt sich Direktmandat. Mit der Erststimme werden 299 Parteienvertreter*innen gewählt. Das ist rund die Hälfte aller Sitze im Bundestag.

5 **Parteien im Bundestag:** Hat Partei A zum Beispiel 50 % der Zweitstimmen gewonnen, kriegt sie 50 % aller Sitze im Bundestag. Jede Partei hat vor der Wahl in einer Landesliste ihre Kandidat*innen festgelegt. Wer weiter oben auf der Liste steht, hat größere Chancen, in den Bundestag zu kommen.

RECHENFEHLER?

Anna kommt zur Tür herein und hört Papas Erklärungen. Sie ruft: „Zweimal 299 ist doch 598. Aber im Bundestag sitzen viel mehr als 598 Leute, das habe ich gelesen! Wie kann das sein?"
Papa schluckt, denn jetzt wird's echt kompliziert: „Durch das Prinzip der Erst- und Zweitstimmen kann es zu Ungleichgewichten kommen. Wenn eine Partei mehr Direktmandate gewinnt, als ihr nach den Zweitstimmen Sitze zustehen, erhält sie sogenannte Überhangmandate. Und die werden dann wieder durch Ausgleichsmandate an die anderen Parteien ausgeglichen. Dadurch können bis zu 100 Leute mehr im Bundestag sitzen, als eigentlich geplant. Das alles hat als Ziel, dass niemand einen Vor- oder Nachteil hat und sich alle gerecht vertreten fühlen."

Kann da jeder rein?

Nicht jede Partei, die auf dem Stimmzettel steht, schafft es auch in den Bundestag, denn dafür braucht sie mindestens 5 von 100 der Stimmen. Das nennt sich 5-Prozent-Hürde. Diese Regel verhindert, dass zu viele kleine Parteien im Bundestag sind. Denn theoretisch ist es ja möglich, eine Popelpartei zu gründen, nur um die Interessen von allen Nasenbohrer*innen zu vertreten. Das könnte zu einem ziemlichen Chaos führen. Außerdem sollten Parteien für mehr als ein Thema stehen. Ausnahmen gibt es für einige Minderheiten und für Parteien, die mindestens drei Direktmandate gewonnen haben.

WAS HEISST DENN DEMOKRATIE?

Viele politische Fachbegriffe kommen entweder aus dem Lateinischen oder aber aus dem Griechischen. Auch das Wort Demokratie stammt aus dem Griechischen: *demos = Volk*, kratos = *Gewalt, Macht*. Demokratie heißt übersetzt so in etwa Herrschaft des Staatsvolkes. Aber warum haben die alten Griechen einen solchen Einfluss auf unsere politischen Begriffe heute?

DIE WIEGE DER DEMOKRATIE

In Athen wurde die *Demokratie*, die Herrschaft des Volkes, erfunden! Die Geschichte der Stadt geht 7500 Jahre zurück bis in die Jungsteinzeit. Um 1600 vor Christus wurde dort auf einem Hügel die mächtige Burganlage Akropolis errichtet. Die Blütezeit Athens begann ab dem 6. Jahrhundert vor Christus, als sich Athen als *Polis* bezeichnete, als Stadt. Gemeint war damit vor allem der Zusammenschluss aller Bürger.

Gedichte für das Volk

Manche Verse von Solon sind überliefert, deshalb wissen wir von seinen Gedanken. Er schuf die Grundlagen der Demokratie.

SOLON

Wenn viele Menschen zusammenleben, braucht es eine Ordnung. Solon war ein Politiker und Dichter aus dem alten Griechenland, der sich viele Gedanken darüber gemacht hat. Und er schrieb Gedichte. Gedichte, echt jetzt? Ja, er verpackte seine Gedanken zur Ordnung der Gesellschaft in Verse. Damit trat er öffentlich auf – das war Wissen und Unterhaltung in einem. Er sagte auch das erste Mal: *„Unsere Polis – unsere Stadt."*

Solon sorgte dafür, dass ein wichtiger Hafen unter die Verwaltung Athens kam. So konnte der Handel wachsen. Und er war Streitschlichter. Im damaligen Athen gab es große Unterschiede zwischen den Menschen. Einige wenige waren sehr reich und viele waren arm, ein Krieg drohte. Solon war wichtig, dass die Bürger mitbestimmen durften.

Solons neue Ordnung

- **Er schuf den Rat der 400. Das war ein Zusammenschluss von Bürgern aus allen Schichten, die mitbestimmen durften.**
- **Er erließ verschuldeten Kleinbauern ihre Schulden und gab ihnen Land, damit sie eine Lebensgrundlage hatten.**
- **Er schaffte viele Abhängigkeiten ab.**
- **Er ließ Gesetze auf Holztafeln niederschreiben.**

Trotzdem ungerecht

Auch wenn die Demokratie in Athen (man nennt sie auch attische Demokratie) eine große Verbesserung war: Im Staat mitbestimmen durften nur Männer, die in Athen geboren waren, sogenannte Vollbürger. Kinder, Frauen und Sklaven waren nicht berechtigt, mitzubestimmen, Zugezogene auch nicht.

KLEISTHENES

Kleisthenes lebte von 570 bis 507 v. Chr. und war ein Staatsmann in Athen. 507 v. Chr. führte er eine Reform durch, die sich auf die Ideen von Solon stützte. Er setzte durch, dass alle Vollbürger aus allen Schichten mitbestimmen durften, und schuf weitere Ungerechtigkeiten unter den Menschen ab.

Perikles' Erbe

Seit 1906 erhalten deutsche Politiker*innen in Parlamenten und Ausschüssen eine Bezahlung. Vor 1906 war das politische Engagement ein reines Ehrenamt, also unbezahlt.

PERIKLES

Perikles lebte von 490 bis 429 v. Chr. und war ein entfernter Verwandter des Kleisthenes. Er gilt als Begründer der „attischen Demokratie", denn er schuf den Rat der 500 und die Volksversammlung, bestehend aus Bürgervertretern. Diese bekamen eine kleine Entschädigung für ihre Mitarbeit, sogenannte Diäten. Perikles schränkte außerdem die Herrschaft mächtiger Adelsfamilien ein, um die Bürger mehr an der Politik zu beteiligen. Dazu führte er das Scherbengericht ein – eine Art Stimmzettel aus Ton. Weil er Entscheidungen zusammen mit den Bürgern traf, entwickelte sich die Stadt Athen unter Perikles prächtig und wurde immer reicher und mächtiger.

„Demokratie entsteht, wenn man nach Gleichheit aller Bürger strebt und die Zahl der Bürger, aber nicht ihre Art berücksichtigt."
Aristoteles, griechischer Gelehrter, 4. Jh. v. Chr.

„Ungerechtigkeit an einem Ort bedroht die Gerechtigkeit an jedem anderen."
Martin Luther King, amerikanischer Bürgerrechtler, 20. Jh.

„Ich habe gelernt, dass man nie zu klein dafür ist, einen Unterschied zu machen."
Greta Thunberg, Klimaaktivistin, 21. Jh.

„Demokratie ist die schlechteste aller Regierungsformen - abgesehen von allen anderen."
Winston Churchill, britischer Politiker, 20. Jh.

STAATSFORMEN IN DEUTSCHLAND

Leon kommt mit einem Umhang und einem Regenschirm ins Wohnzimmer stolziert. „Was soll denn das sein, ein altmodisches Laserschwert und ein Superman-Umhang für Arme?“, fragt Jana kichernd.
„Ich bin der König und lasse dich ins Gefängnis werfen wegen Frechheit!“, ruft Leon mit wichtiger Stimme und schwingt sein Zepter.
„Herr König, wie sieht es dann mit unserer Tagesplanung aus? Sie bestimmen doch alles und wir müssen gehorchen?“, fragt Mama.
Und Papa sagt: „Wann haben Sie denn Audienz, damit ich Ihnen meine Sorgen vortragen kann?“
So hat sich Leon das Königsein nicht vorgestellt. Das ist ja Mist, wenn man für alles zuständig ist. „Haben wir deswegen keinen König mehr in Deutschland, weil das so mühsam ist?“, fragt er.

DER LETZTE KÖNIG VON DEUTSCHLAND

Papa wackelt mit dem Kopf: „So einfach ist es nicht. Bis 1918 herrschte in Deutschland ein König. Er wurde nicht gewählt und konnte über vieles bestimmen, sogar ob es Krieg gab oder nicht. Aber die Menschen wählten damals auch ein Parlament. Die Monarchie endete in Deutschland nach dem verlorenen Ersten Weltkrieg. Kaiser Wilhelm II. dankte ab und floh aus dem Land. Dann wurde die Republik ausgerufen.“
Leon schwirrt schon wieder der Kopf: „Eine Republik, was ist das nun wieder?“, fragt er.

Republik

heißt die Staatsform, in der Regierende auf Zeit gewählt werden wie z. B. in einer Demokratie. Eine Monarchie ist keine Republik.

DIE ERSTE DEUTSCHE REPUBLIK

Das weiß Jana: „In einer Republik werden die Regierenden für eine begrenzte Zeit vom Volk gewählt. Das hatten wir schon in der Schule. Es war eine spannende Zeit damals in Deutschland, weil erst neu beschlossen werden musste, wer nun herrscht und wer wählen darf. 1919 durften zum ersten Mal auch die Frauen in Deutschland wählen! Die meisten Menschen wählten übrigens demokratische Parteien.“
Leon legt sein Zepter und seinen Umhang zur Seite: „Das finde ich eigentlich auch besser. Ich möchte mich lieber von meinem Volk wählen lassen, weil es weiß, dass ich ein guter Herrscher bin“, sagt er.

Staatsformen im Überblick

Die drei bekanntesten Staatsformen sind die Republik, die Monarchie und die Diktatur. Im Folgenden stellen wir diese drei Staatsformen kurz vor.

Republik bezeichnet die Staatsform, in der die Macht vom Volk ausgeht. Das Volk wählt für eine begrenzte Zeit die Herrschenden. Oder es wählt Vertreter*innen und diese wählen die Regierung. In der Republik können die Bürger*innen entscheiden, wer über sie herrscht.

Monarchie heißt Alleinherrschaft. Der König oder die Königin hat die Macht und darf über Regeln und ihre Ausführung allein bestimmen. Ein König wird nicht gewählt, sondern erbt meist die Macht.

Monarchie

Ein König oder eine Königin herrschen meist auf Lebenszeit. Manchmal treten sie auch zurück. Dann tritt in der Regel ihr Sohn oder ihre Tochter die Nachfolge an.

Es gab diese Staatsform schon bei den alten Ägyptern. Dort wurde das Staatsoberhaupt, der Pharao, auch als religiöses Oberhaupt angesehen. Heute haben zwar viele Länder noch König*innen, aber gleichzeitig ein Parlament und eine demokratische Regierung. Der Einfluss der König*innen ist meist eingeschränkt.

Diktatur ist eine Staatsform, bei der das Volk keine Macht hat und bei wichtigen Entscheidungen nicht mitbestimmen kann. Es herrscht ein Mensch oder eine Gruppe mit den Mitteln der Gewalt. Die Bevölkerung darf ihre Meinung nicht frei sagen. Andersdenkende werden eingesperrt, gequält oder sogar getötet.

DEUTSCHE DIKTATUR

„Aber nicht alle Parteien waren damals demokratisch“, sagt Mama. „Manche Menschen wollten die Monarchie wiederhaben. Andere wollten, dass es einen Arbeiterstaat gibt, ohne Unterschiede zwischen Reichen und Armen. Und dann gab es ab 1920 auch die NSDAP, eine rechte Partei, die offen gegen die Demokratie war und eine Diktatur in Deutschland aufgebaut hat.“ Leon seufzt: „Was ist denn nun schon wieder eine Diktatur?“

Auch hier kennt Jana sich aus: „Das ist, wenn ein Herrscher oder eine Herrscherin sich mit Gewalt an die Macht bringt und seine Gegner*innen unterdrückt.“ Papa nickt: „Das war eine ganz schlimme Zeit damals in Deutschland, die viele Menschen das Leben gekostet hat. Es wurden menschenverachtende Gesetze gemacht, der Zweite Weltkrieg begonnen und viele Jüdinnen und Juden umgebracht. Erst mit dem Ende des Krieges 1945 endete diese schreckliche Zeit.“

WAS IST EIGENTLICH DER STAAT?

Leon guckt unglücklich: „Wenn das alles Staatsformen sind, dann habe ich immer noch nicht verstanden, was genau ein Staat eigentlich ist. So etwas wie ein Land?"
Mama nickt: „Ein Staat ist aber nicht nur das Land mit den Menschen, die darin leben, sondern auch die Gesetze, die dort gelten, und die Menschengruppen, die diese Gesetze machen und umsetzen."
Leon wird nachdenklich: „Könnte ich dann also auch meinen eigenen Staat haben, in dem ich die Gesetze mache?"
Papa schmunzelt: „Du meinst als Alleinherrscher in deinem Zimmer? Oder sind wir dann dein Volk und dürfen dir das Essen ans Bett bringen und ab und zu neue Computerspiele kaufen?" Leon findet diese Vorstellung eigentlich ganz gut.

REGELN GIBT ES ÜBERALL

„Warum ist in unserer Familie eigentlich die wichtigste Regel, dass man nie genug Computerspiele spielen darf?", fragt Leon nach. Papa lacht. „Ja, in einer Familie gibt es auch Regeln, über die man sich abstimmen muss. Ich wäre ja dafür, das Recht auf Mittagsschlaf im Gesetz zu verankern!"
„Wie macht man denn so ein Gesetz für Mittagsschlaf?", fragt Leon, der heimlich schon ein Computerspielpflichtgesetz für alle plant.

Kann das Recht auf Mittagsschlaf ein Gesetz werden?

Wenn alle finden, dass Mittagsschlaf eine Gesellschaft stark macht und der Gemeinschaft und dem/der Einzelnen einen Vorteil bringt, dann ja. Vielleicht ist der Mittagsschlaf ein lustiges Beispiel, aber das Recht auf ausreichend Ruhe ist schon durchgesetzt worden, zum Beispiel mit der 40- Stunden-Woche und dem Recht auf Feierabend für Arbeitende. Das alles haben die Gewerkschaften, also die Vertretungen der Arbeitenden, auf den Weg gebracht. Früher mussten die Menschen oft 60 Stunden und mehr pro Woche arbeiten. Eine gute Regierung eines Staates greift die Wünsche und Vorschläge ihres Volkes auf und macht Gesetze daraus.

DAS RECHT AUF MITTAGSSCHLAF

In dem Moment kommen Oma und Opa herein.
„Ein Recht auf Mittagsschlaf? Dafür bin ich auch!", ruft Opa sofort.
„Gesetzgebung ist ziemlich kompliziert", meint Oma. „Willst du den Kindern nicht erst mal erklären, wie unser Staat aufgebaut ist, Nico?"
„Aber erst mal essen wir", schlägt Opa vor.

Das Prinzip Bundesrepublik

Die Bundesrepublik Deutschland ist eine **parlamentarische Demokratie**, das heißt, Entscheidungen werden durch Volksvertreter*innen getroffen, nicht direkt vom Volk.

- Die drei Staatsgewalten heißen **Exekutive**, **Legislative** und **Judikative**. Das sind die Regierung, das Parlament und die Gerichte.
- Eine besondere Stellung nimmt das **Bundesverfassungsgericht** ein.
- Deutschland gliedert sich außerdem in **16 Bundesländer**, die alle noch einmal für sich bestimmte Entscheidungen treffen dürfen.
- Im **Bundesrat** sitzen Vertreter*innen der 16 Bundesländer. Der Bundesrat entscheidet zusammen mit dem Bundestag über Gesetze.

Für die Bundesrepublik Deutschland gelten einige wichtige Grundsätze:

- Grundprinzip: **Die Würde des Menschen ist unantastbar.**
- **Demokratie** = Alle Macht geht vom Volk aus.
- **Republik** = Der Staat wird als Gemeinwesen regiert, die Staatsmacht geht vom Volk aus.
- **Bundesstaatlichkeit** = Föderales Prinzip (Alle 16 Bundesländer dürfen mitbestimmen.)
- **Sozialstaat** = Schutz, Fürsorge, soziale Gerechtigkeit für alle Bürger*innen.
- **Rechtsstaat** = Der Staat schafft verbindliche Rechte und sorgt dafür, dass unabhängige Einrichtungen sie verwalten.
- **Gewaltenteilung** = Rechtsprechung, Ausübung von Staatsgeschäften und Gesetzgebung liegen nie in einer Hand.
- **Widerstandsrecht** = Jeder Mensch hat das Recht, sich unter bestimmten Umständen gegen staatliche Verordnungen aufzulehnen. Zum Beispiel durch Demonstrationen.

Was ist Gewaltenteilung?

„*Exekutive, Legislative, Judikative*, na, was glaubt ihr, woher die Worte kommen?“, Papa strahlt. Anna verdreht die Augen: „Das ist die *ausübende*, die *gesetzgebende* und die *rechtsprechende* Gewalt im Staat. Alle drei dürfen nie in einer Hand sein, um Missbrauch vorzubeugen. Und natürlich ist das alles mal wieder Latein!“

Aus diesen „Bünden“ besteht die Bundesrepublik Deutschland

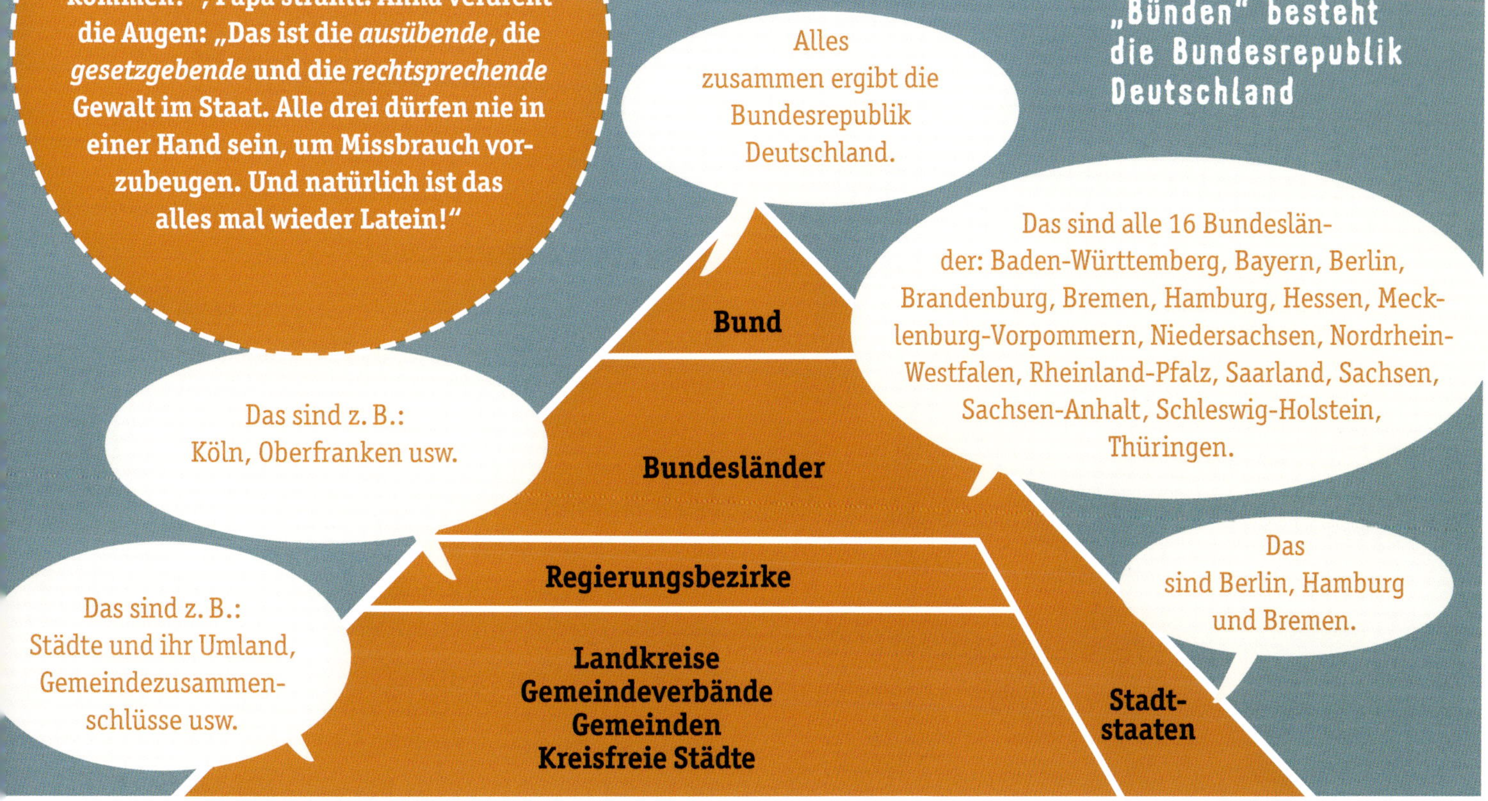

VOM KLEINEN INS GROSSE WÄHLEN

Und den Bundeskanzler oder die Bundeskanzlerin wählen auch die Bürger*innen in einer großen Wahl?", fragt Jana ihre Großeltern. „Nein", sagt Oma, „die werden im Bundestag von Volksvertreter*innen gewählt, alle vier Jahre." „Aber wir Bürger*innen wählen diese Vertreter*innen bei der Bundestagswahl", ergänzt Opa.

WER SIND DIE BESTIMMER*INNEN?

„Bin ich als Bundeskanzler der Bestimmer über Deutschland?", fragt Leon, der jetzt offenbar einen neuen Berufswunsch hat. „Irgendwie schon, denn als Bundeskanzler leitest du die Regierung", meint Opa. „Aber das höchste politische Amt im Staat hättest du als Bundespräsident", weiß Oma. „Da musst du dich nicht so sehr um die Tagespolitik kümmern, das macht die Bundesregierung. Als Bundespräsident vertrittst du dein Land nach außen. Bundespräsident*innen reden aber durchaus auch mal dem Volk ins Gewissen, trösten oder ermuntern. Sie haben eine wichtige Aufgabe und müssen sehr gewissenhaft damit umgehen." „Dann werde ich Bundespräsident", sagt Leon. „Leider musst du da noch ein bisschen warten", sagt Opa, „denn man muss mindestens 40 Jahre alt sein, um dieses Amt zu übernehmen."

Der/die Bundeskanzler*in

ist Regierungschef*in der Bundesrepublik. Kanzler*in und Bundesminister*innen bilden zusammen die Regierung. Als Bundeskanzler*in bestimmt man Regierungspolitik. Man hat eine mächtige Stellung. Bundespräsident*in und Bundestagspräsident*in stehen aber in der Rangfolge darüber.

Der/die Bundespräsident*in

wird alle fünf Jahre gewählt, und zwar von der Bundesversammlung. Diese Gruppe setzt sich aus allen Mitgliedern des Bundestags und einer ebenso großen Gruppe von Bürger*innen des ganzen Landes zusammen.

DA SPIELEN VIELE MIT

„Wer ist denn beim Regieren noch alles beteiligt?", fragt Leon. „Das sind ja unheimlich viele!" „Wenn du so willst, sind wir alle daran beteiligt, also alle, die wir wählen dürfen," erklärt Oma. Opa ergänzt: „Wir wählen Vertreter*innen für uns. Damit die auch nicht alleine entscheiden, gibt es den Bundesrat. Der setzt sich aus den Vertreter*innen jedes Bundeslandes zusammen. Das ist in Deutschland besonders: Jedes unserer 16 Bundesländer hat eine Landesregierung. Diese Landesregierung entsendet Vertreter*innen in den Bundesrat, der die Interessen der Bundesländer vertritt."

Der Bundestag

Die Volksvertreter heißen Abgeordnete. Sie ziehen in den Bundestag ein. Der Sitz des Deutschen Bundestags ist das Reichstagsgebäude in Berlin, dort trifft man sich im Plenarsaal. Die Abgeordneten sitzen dort geordnet nach den Parteien, denen sie angehören, und können sich so zu Fraktionen, also Bündnissen, zusammenschließen. Der Bundestag kann Gesetze auf den Weg bringen und entscheidet über den Staatshaushalt. Außerdem wählt er den/die Bundeskanzler*in. Unterstützt wird der Bundestag vom Bundesrat.

Der Bundesrat

Der Bundesrat ist ein besonderes Organ, das zusammen mit dem Bundestag an der Gesetzgebung beteiligt ist. Der Bundesrat kann Gesetzentwürfen zustimmen, sie ablehnen oder verlangen, dass noch mal diskutiert wird. Das nennt man, einen Vermittlungsausschuss einberufen.

Gewählt wird von unten nach oben. Auf der Ebene des Bundes wählen wiederum die verschiedenen Häuser gegenseitig und wechselseitig. Das garantiert, dass niemand alleine „herrschen" kann.

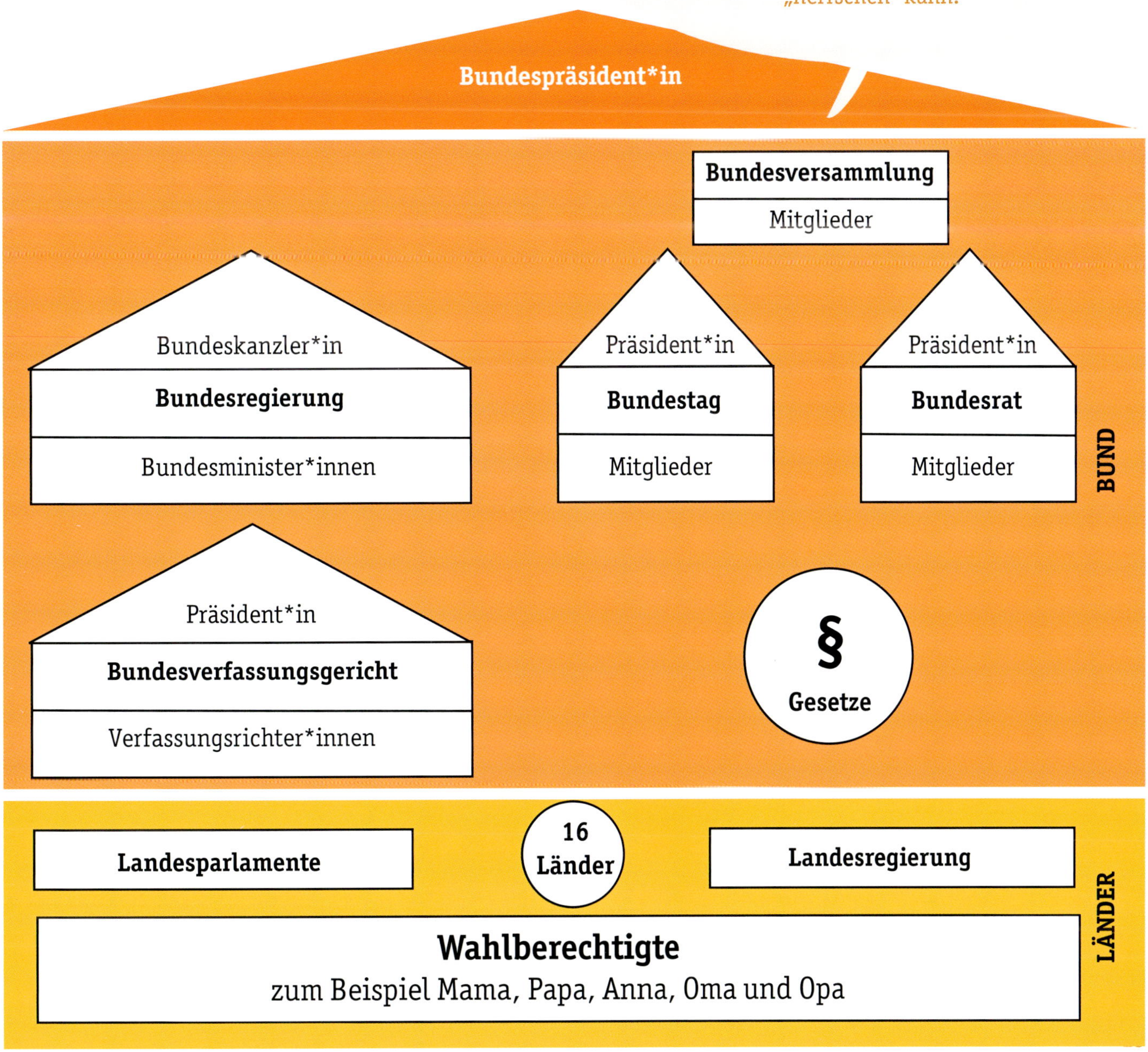

LINKS UND RECHTS

Oma sitzt, wie immer, wenn sie zu Besuch ist, mit dem Rücken zur Wand am Esstisch. Opa sitzt rechts von ihr. „So haben wir früher auch gesessen und du, Nico, hattest deinen Platz gegenüber, rechts von dir dein Bruder", erzählt Oma. „Ach, war das süß, als ihr noch so klein wart!" Papa kratzt sich am Bart, denn es ist ja schon eine Weile her.
Jana meint: „Wir haben auch alle unsere festen Plätze."
„Das stimmt", sagt Leon.
Anna runzelt die Stirn: „Warum eigentlich?"
Da kommt Mama mit der Zeitung herein.
„Schaut mal, die Linken und die Rechten haben laut dieser Umfrage ganz schön zugelegt, oha!"
„Na, dann muss sich die Mitte aber warm anziehen", antwortet Papa. Der arme Leon versteht wieder nur Bahnhof und schaut seinen Vater fragend an.

EIN ALTES ORDNUNGSPRINZIP

Papa erzählt gleich los: „Die Bezeichnung *Linke* oder *Rechte* gibt es schon recht lange, eigentlich seit der Französischen Revolution 1789, als in Frankreich die Vorherrschaft des Adels zugunsten aller Bürger*innen abgeschafft wurde.
In den damaligen Nationalversammlungen saß immer rechts vom Vorsitzenden der Adel. Und dieser Adel hing ziemlich an Traditionen und alten Rechten. Klar, dem Adel gehörte ja eigentlich alles, der wollte das natürlich bewahren.
Links vom Vorsitzenden saß das Bürgertum, das Veränderung wollte. So kam es, dass als Begriff für die Bewahrer (= Konservative) das Wort *rechts* eingeführt wurde. Und für diejenigen, die etwas bewegen und verändern wollten, nämlich die Bürger*innen, das Wort *links*."
„Und das hat sich so lange gehalten?", fragt Leon.

Kartoffeln

1846 und 1847 gab es in ganz Europa schwere Missernten, denn ein Pilz und andere Schädlinge hatten die Kartoffelernten vernichtet. Kartoffeln waren damals Hauptnahrungsmittel der Menschen. Der Hunger schuf eine explosive Stimmung in der Bevölkerung und war ein weiterer Nährboden für die März-Revolution.

Wir können uns heute eine Hungersnot gar nicht mehr vorstellen. Es gibt aber immer noch viele Länder, in denen Menschen hungern.

REVOLUTION NR. 2

„Eine zweite Revolution hat diese Begriffe sogar noch berühmter gemacht. Sie nennt sich März-Revolution. Nachdem die Französische Revolution in ganz Europa mächtig viel in Bewegung gebracht hatte, gingen auch in anderen Ländern die Menschen auf die Straße und machten auf die sozialen Unterschiede und Ungerechtigkeiten aufmerksam", Papa setzt ein wichtiges Gesicht auf, bevor er weitererzählt: „Arbeiter*innen und Handwerker*innen forderten mehr Rechte und Schutz vor Ausbeutung. Kluge Leute machten sich stark für ein sozialeres Miteinander. Alle waren unzufrieden mit den Herrschenden. Denn immer noch herrschte der Adel über weite Teile Europas. Das stank vielen Menschen ziemlich, denn sie lebten in ärmlichen Verhältnissen und einige wenige waren reich. Besonders engagierten sich Studierende und Dichtende für bessere Verhältnisse. 1848 kam es dann zur März-Revolution."

Der Reichstag

Hier unter der Kuppel des Reichstagsgebäudes ist der Plenarsaal des Bundestags. Als Besucher*in darf man in der Kuppel spazierengehen und auf die Abgeordneten hinuntergucken.

Farben und Sitzordnung des heutigen Bundestags haben eine lange Geschichte. Mehr dazu auf der nächsten Seite.

Wer sitzt wo im Bundestag?

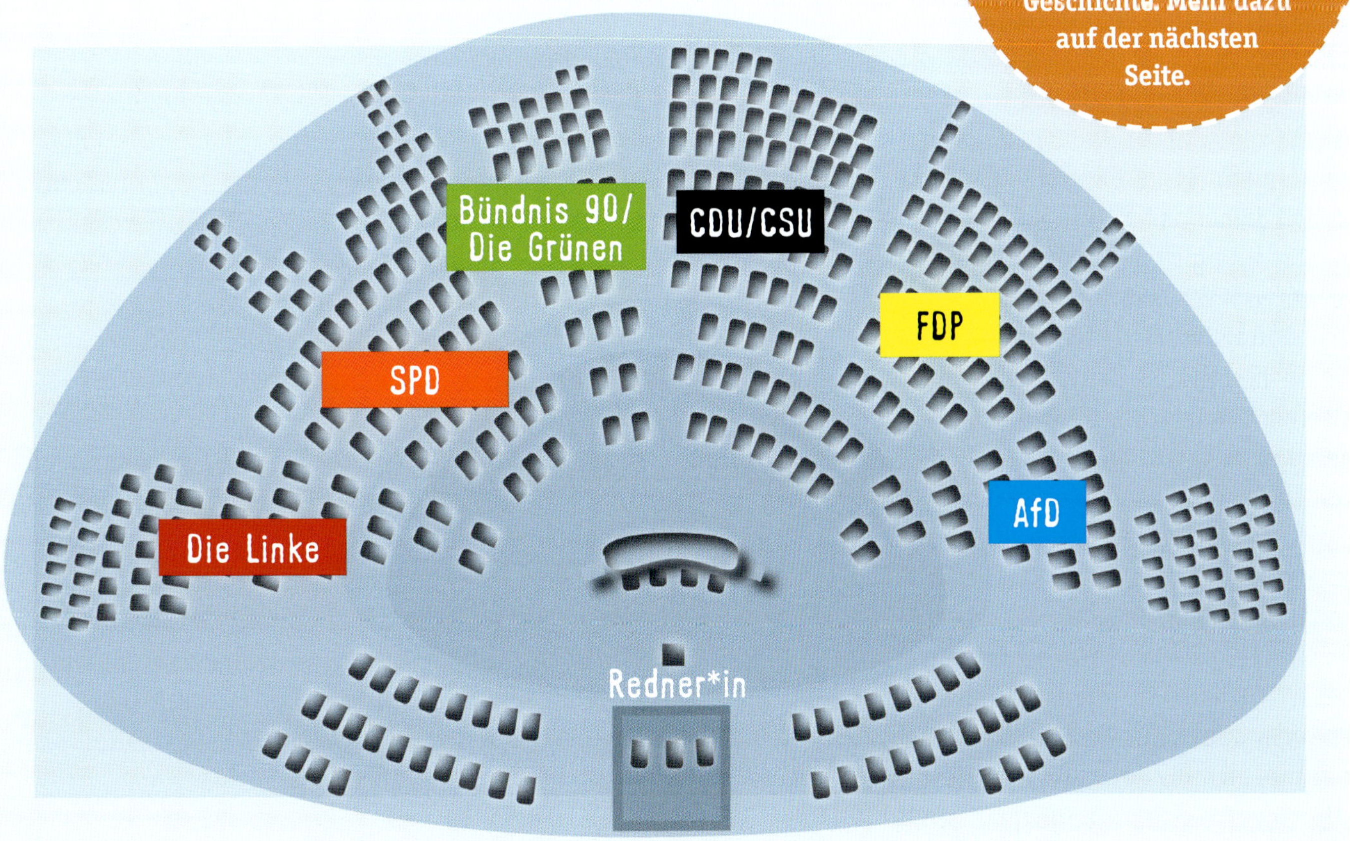

PARTEIEN UND IHRE FARBEN

Leon sieht sich den Bundestag an. Wenn alle anwesend sind, können das fast 700 Abgeordnete sein. Aber was hat es mit den Farben bei den Parteien auf sich?
„Die Roten sitzen immer links und die Schwarzen sind leicht verrutscht aus der Mitte, also Mitte rechts", analysiert Jana mit wichtiger Miene.
Anna sagt: „Früher saßen die näher beieinander, aber jetzt hat man die Grünen dazwischengebaut, während die Gelben, die eigentlich in die Mitte gehören, weil sie ja Liberale sind, nun leicht außen sitzen!"
Leon schwirrt der Kopf. Wenn Anna gesagt hätte, dass die Borussen auf Schalke keinen Punkt geholt haben, während die Roten aus München die Hertha geschlagen haben, dann hätte er das verstanden. Doch Politik ist kein Fußballspiel. Und die Farben und Positionen der Parteien im Bundestag haben eine lange Geschichte.
Papa erzählt schon weiter.

JUNGE DEMOKRATIE

„Mit der März-Revolution 1848 begann die demokratische Geschichte Deutschlands. Allerdings dauerte es noch eine ganze Weile, bis Deutschland eine richtige Demokratie wurde", sagt Papa, „denn es gab viele, die die alte Ordnung wiederhaben wollten. Erst mal kam wieder ein Kaiserreich bis zum Ende des Ersten Weltkriegs (1914–1918). Danach folgte mit der Weimarer Republik eine Demokratie, doch 1933 kam Adolf Hitler an die Macht. Die schlimme Zeit des Nationalsozialismus begann (1933–1945). Als diese Diktatur vorüber war, wurde Deutschland geteilt. Die Bundesrepublik Deutschland wurde 1949 eine Demokratie. Die DDR wurde 1949 zu einem sozialistischen Land, das sich zwar Deutsche Demokratische Republik nannte, aber keine richtige Demokratie war. Seit 1990 sind die beiden deutschen Staaten wiedervereint und eine Demokratie. Seitdem ist auch das Parlament bunter geworden. So", sagt Papa, „und jetzt muss ich ins Rathaus!"

Die demokratische Bewegung

Mit der März-Revolution von 1848 wurde im Deutschen Staatenbund die erste demokratische Bewegung gestartet. Man bezeichnet dies auch als die Geburtsstunde der deutschen Demokratie. Viele Leute forderten damals mehr Mitbestimmung bei der Regierung, verlangten mehr Gleichheit. Dazu kam eine starke Arbeiter*innenbewegung, denn es gab immer mehr Industrie mit großen Fabriken. Überall entstanden Eisen- und Textilwerke und die Eisenbahn fuhr durch ganz Europa. Die alte Weltordnung aus Adel, Bürgern und Bauern funktionierte nicht mehr. Viele gebildete Leute forderten, dass Entscheidungen des Staates sich nach dem Willen des Volkes richten sollten.
Die Vertreter*innen der neuen Linie nannten sich Demokraten und Liberale. Ab 1848 fanden in der Frankfurter Paulskirche die ersten Zusammenkünfte der Vertreter*innen dieser Parteien statt. Es waren die Vorläufer des heutigen Parlaments. Und die Sitzordnung der Parteien war damals schon so wie heute: Links außen waren die Vertreter der Arbeitenden, dann die sozialdemokratisch Gesinnten, in der Mitte die Liberalen und rechts die Konservativen.

Farbenkunde

Aus der Zeit der Revolutionen stammen auch die Kennfarben der Parteien. Sie stehen für die politische Ausrichtung und werden auf der ganzen Welt verstanden.

Gelb ...

... steht heute für die FDP, die sich für eine liberale Politik einsetzt. Der Liberalismus hat sich im England des 17. Jahrhunderts entwickelt. Man forderte damals wirtschaftliche, ethische und persönliche Freiheit für jeden Menschen.

Rot...

... waren die Mützen der aufständischen Jakobiner in der Französischen Revolution. Rot war auch die Flagge in der März-Revolution. Sie stand für Aufbruch! Arbeitervereine verwendeten die Farbe Rot. Bis heute steht Rot für linke Parteien, von Kommunisten bis Sozialdemokraten, zum Beispiel SPD und die Linke.

Grün ...

... ist eine junge Parteienfarbe und steht für Bündnis 90/Die Grünen. Die Partei wurde 1980 gegründet mit den Schwerpunkten Umwelt, Natur, Klimapolitik.

Schwarz

„Die Schwarzen" steht bis heute für konservative Parteien, wie CDU und CSU, ist aber veraltet. Das Schwarz sollte früher an die vielen Geistlichen erinnern, die in den beiden christlichen Parteien waren. In Italien steht Schwarz für Faschismus und weltweit für Anarchie.

Braun ...

... steht für extrem rechtsnationale Parteien und erinnert an die Hemden der Sturmtruppen Hitlers.

Blau

Manche Parteien eignen sich Farben an, um harmlos zu wirken: zum Beispiel die Alternative für Deutschland, kurz AfD. Sie verwendet Blau als ihre Farbe.

Aber:

Um Verwechslungen zu vermeiden, hat sich die CDU schon seit Längerem die Farbe Rot verpasst ...

und ...

... die in Bayern regierende Schwesterpartei CSU trägt Himmelblau wie die bayerische Fahne.

Blau ...

... ist auch die Farbe der Europäischen Union, weil die Europaflagge einen blauen Grund hat.

Mit Orange

können sich viele identifizieren. In Deutschland stehen die Parteien ödp, Freie Wähler und Die Piratenpartei dafür.

WOFÜR STEHEN DIE PARTEIEN?

Anna fragt abends beim Abendbrot Leon: „Ich habe gehört, dass du in deinem Zimmer deinen eigenen Staat planst. Das klingt cool. Kann ich da mitmachen?" Leon denkt kurz nach und meint dann: „Warum eigentlich nicht?" Anna fragt weiter: „Gibt es bei dir auch Parteien?" Darüber hat Leon noch gar nicht nachgedacht. Er fragt zurück: „Was ist denn der Vorteil von so einer Partei? Wozu brauche ich die überhaupt?" Anna lacht: „In einem Staat mit dir alleine brauchst du sie vermutlich nicht. Aber wenn viele Menschen in einem Staat leben, wollen einige sich mit anderen zusammenschließen, die so ähnliche Ziele haben wie sie, weil sie glauben, dass sie gemeinsam eher etwas erreichen können." Leon findet das richtig gut.

GIBT ES EINE KINDERPARTEI?

Mama erzählt: „Wenn Menschen finden, dass ihre Wünsche von den Parteien, die es gibt, nicht erfüllt werden, können sie auch eine neue Partei gründen. Dann suchen sie andere Menschen, die auch so denken wie sie, und überlegen sich gemeinsam ein Programm."
Leon findet, dass das nach viel Arbeit klingt, und möchte daher wissen: „Welche Partei von denen, die es schon gibt, ist denn für uns Kinder da?"
Papa wackelt mit dem Kopf: „Es gibt keine richtige Kinderpartei. Man darf erst ab 16 Jahren Mitglied in einer Partei werden. Einige Parteien haben auch Jugendorganisationen, in denen auch Jüngere eintreten können."
Das findet Leon ziemlich ungerecht: „Anna, wenn du bei meinem Staat mitmachst, kannst du gerne auch bei mir in die Kinderpartei eintreten. Bei mir gibt es keine Altersbeschränkung! Auch nicht nach oben. Man muss sich nur für die Rechte und Wünsche der Kinder einsetzen. Jana, bist du auch dabei?" Jana findet die Idee gut: „Abgemacht!" Mama und Papa fragen gleichzeitig: „Dürfen wir auch mitmachen?"

Die Parteien im deutschen Bundestag

Wir haben eine Parteienlandschaft, die viele unterschiedliche Meinungen abdeckt. Jede Partei steht für Grundwerte, die sie vertritt. Manche Parteien sind sehr alt, zum Beispiel die **Sozialdemokratische Partei Deutschlands (SPD)**. Es gibt sie seit 1890. Sie war einmal eine Arbeiterpartei. Heute steht sie für Freiheit, Gerechtigkeit und Solidarität. Sie tritt für einen Sozialstaat und für soziale Reformen ein. Familie, Bildung und Gleichberechtigung sind ihr wichtig. Die SPD lehnt Atomkraft ab. Eine ihrer wichtigsten Säulen ist die Sozialpolitik.

Die **Christlich Demokratische Union Deutschlands (CDU)** wurde nach dem Zweiten Weltkrieg gegründet. Sie steht für christliche Werte, wirtschaftliche Freiheit, den Schutz der Familie, sozialen Frieden, Wohlstand, Sicherheit, soziale Marktwirtschaft, gute Handelsbeziehungen zu anderen Ländern. Die Schwesterpartei **Christlich-Soziale Union in Bayern (CSU)** gibt es nur in Bayern. Sie bildet mit der CDU eine Fraktion im Bundestag.

Bündnis 90/Die Grünen wurden 1993 gegründet. Die Grünen gibt es bereits seit 1980. Sie schlossen sich 1993 mit der Partei Bündnis 90 zusammen, die im Osten Deutschlands gegründet wurde. Die Schwerpunkte der Partei sind die Themen Umweltschutz, Selbstbestimmung, Gerechtigkeit und Demokratie. Konkret setzen sie sich für Energiewende, Mindestlohn, Nachhaltigkeit, Ausbau der Kinderbetreuung und Klimaschutz ein. Wirtschaftliches Wachstum um jeden Preis hinterfragen sie kritisch.

Die **Freie Demokratische Partei (FDP)** wurde 1948 gegründet. Ihre Basis ist der Liberalismus. Das heißt: „So viel Staat wie nötig, so wenig Staat wie möglich." Staatliche Einmischung, vor allem in die Wirtschaft, findet die FDP nicht gut. Die FDP möchte auch das Steuersystem verändern: Jeder Mensch soll so viel Freiheit wie möglich haben, ohne auf soziale Gerechtigkeit verzichten zu müssen.

Die Partei **DIE LINKE** entstand 2007 aus einer Abspaltungsgruppe der SPD und der Linkspartei PDS, die ihre Wurzeln in der DDR hatte. Die Partei setzt sich für maximale soziale Gerechtigkeit ein, also für den Ausbau von Bildung, Kinderbetreuung, bezahlbaren Wohnraum und ausreichend bezahlte Arbeit für alle. Steuerabgaben sollen sich stärker an den Einkünften orientieren. Die Partei wünscht sich mehr direkte Mitbestimmung des Volkes.

Die **Alternative für Deutschland (AfD)** wurde 2013 gegründet. Sie wird als rechtspopulistische Partei eingestuft. Die AfD leugnet den von Menschen gemachten Klimawandel, ist gegen Einwanderer und lehnt die Gleichstellung von Frau und Mann ab. Sie ist für eine traditionelle Familie mit Mutter und Vater und lehnt Familien mit zwei Müttern oder zwei Vätern ab.

ÄHNLICH UND DOCH ANDERS

„Viele Parteien wollen doch ganz ähnliche Sachen", sagt Leon, „warum wählt ihr denn dann?"
„Weil es eben doch Unterschiede gibt", sagt Papa. „So wie bei Fußballvereinen, da können auch alle Fußball spielen. Und doch hat jede Mannschaft ihren eigenen Stil. Das hat viel mit den Wahlprogrammen zu tun, aber auch mit den Leuten in einer Partei. Manche Menschen wählen bei jeder Wahl anders, die nennt man Wechselwähler*innen, die anderen heißen Stammwähler*innen."

BÜRGER*INNEN-INITIATIVEN

Mama starrt die ganze Zeit aus dem Fenster. „Was ist denn, Mama?“, fragt Jana. „Schau dir das an, bei der alten Villa, die an diese seltsame Firma verkauft worden ist, steht ein Bagger und alle starren die schöne Robinie an!“
„Was ist eine Robinie?“, fragt Leon. „Ein besonders schöner Baum, der auch super mit dem Klimawandel zurechtkommt. Der Baum ist bestimmt 60 Jahre alt. Die werden den doch nicht fällen? Ich gehe mal dahin und frage!“, sagt Mama.
„Wir kommen mit“, rufen Jana und Leon.
Papa schiebt sich gerade ein Riesenstück Kuchen in den Mund und murmelt: „Riftif, ef gibt doch eine Bmvrdnung.“
Mama, Jana und Leon gucken verwirrt: „Wie bitte?“
„Baumverordnung“, sagt Papa, als er runtergeschluckt hat. „Bäume in der Stadt sind sehr schützenswert, schließlich verbessern sie das Klima und sind schön. Um sie fällen zu dürfen, müssen sie krank oder eine Gefahr sein!“ Alle gehen zusammen los, um zu fragen, was da los ist.

Baumschutz

Zwischen März und Ende September dürfen keine Bäume gefällt werden.

BAUM- UND BÜRGER*INNENRECHTE

Tatsächlich soll der Baum gefällt werden. „Haben Sie dafür überhaupt eine Erlaubnis?“, fragt Mama den Baumfäller. Der kratzt sich am Kopf. „Wir haben nur einen Auftrag.“ „Dann stoppen sie das bitte, wir wollen erst die Genehmigung sehen!“, sagt Papa.
„Ich erfülle nur meinen Auftrag, Sie können mir gar nichts sagen“, entgegnet der Mann mit der Säge.
„Gut, dann holen wir die Polizei, sie wird das klären“, sagt Mama ganz sachlich.
Fünf Minuten später hören sich zwei Polizisten den Fall an. Der neue Besitzer des Hauses wird angerufen. Er hat keine offizielle Erlaubnis und alle hören, wie er sich am Telefon aufregt. Es sei sein Haus und sein Garten, und er möchte damit machen, was er will. Die Villa soll auch weg. Doch so einfach ist es nicht. Die Polizisten schicken den Fälltrupp weg. Den Baum zu fällen wäre illegal. Erst wird der Fall geprüft, denn in dem Garten tummeln sich viele Vögel, Igel und Eichhörnchen. Was können die Strudels noch tun? Papa fragt im Rathaus nach.
„Zunächst kann der Typ gar nichts tun“, sagt er abends daheim, „wir haben jetzt Mai, und da dürfen Bäume nicht gefällt werden, das schreibt das Naturschutzgesetz vor. Es könnten ja Vögel in dem Baum brüten. Und wegen der Villa schreiben wir das Denkmalschutzamt an.“ Mama nickt. Gut, dass es Behörden gibt, an die man sich wenden kann.
„Und wenn gar nichts hilft, gründen wir eine Bürger*innen-Initiative“, sagt Anna.
„Kann das jede*r machen?“, fragt Jana. „Ja“, sagt Papa, „vorausgesetzt, man hat ein Anliegen, das viele Leute betrifft. Zum Beispiel ein neuer Spielplatz, eine Ampel an einer gefährlichen Kreuzung oder eben Bäume.“

Die Bürger*innen-Initiative

Jede Bürgerin und jeder Bürger darf eine Initiative gründen, wenn sie/er ein Anliegen hat, das mehrere Leute interessiert. Wenn sie/er nur will, dass die eigene Badezimmertür erneuert wird, dann ist das kein öffentliches Interesse.

Wie geht man vor?

- Zunächst bildet sich meist eine Gruppe Gleichgesinnter.
- Dann werden Menschen angesprochen und für das Thema begeistert.
- Eine Gründungsversammlung wird abgehalten, bei der festgelegt wird, wer was macht. Zum Beispiel Plakate malen und aufhängen, Unterschriften sammeln, Flugblätter erstellen und verteilen und eine Internetseite erstellen, wo die Ziele der Initiative, die Aktivitäten und die neuesten Ergebnisse mitgeteilt werden.
- Die Bürger*innen-Initiative kann sich mit ihrem Anliegen auch an die Presse wenden, damit in Zeitungen oder im Fernsehen darüber berichtet wird.
- Es ist sinnvoll, Politiker*innen, die für die Sache zuständig sind, mit ins Boot zu holen.

Ziel der Initiative

Die Initiative möchte auf das Problem aufmerksam machen, damit sich auch andere Menschen dafür interessieren. Je mehr Interesse besteht, desto höher ist die Wahrscheinlichkeit, dass sich ein/e Politiker*in, ob aus dem Rathaus oder aus dem Landtag, dafür interessiert. Denn mit Unterstützung der Politik kann etwas erreicht oder etwas verhindert werden. Wenn der Druck der Bürgerschaft und der Presse groß ist, wollen Politiker*innen gut dastehen, indem sie helfen. Dadurch können sie Sympathie, gute Presse und Wähler*innen gewinnen.

Eine Bürger*innen-Initiative ist die direkteste Möglichkeit für alle Bürger*innen, demokratisch mitzubestimmen.

Unterschriftensammlungen

Sie zeigen, dass viele Leute eine Initiative unterstützen.

Wenn gar nichts nützt ...

... strengt man ein Volksbegehren oder eine europaweite Bürgerinitiative an.

Initiativen in der Schule

Zum Beispiel in Leons Schule: Da ist der Tischtennisraum seit Wochen geschlossen. Der ist aber äußerst beliebt, vor allem nach der Mittagspause entspannen sich die Kinder dort. Die Kinder können sich zu einer Schüler*innen-Initiative zusammentun und bei ihren Mitschüler*innen Unterschriften sammeln. Oder einen Sitzstreik organisieren. Als Erstes sollten sie aber unbedingt das Gespräch mit der Schulleitung suchen. Nützt das nicht, können sie sich ans Schulamt oder sogar ans Kultusministerium wenden. Und natürlich können Schüler*innen genauso wie erwachsene Bürger*innen die Presse mit ins Boot holen, indem sie zum Beispiel Leserbriefe schreiben oder in der Redaktion anrufen, die für Regionales zuständig ist.

VOLKSBEGEHREN

Das mit dem Baum und der Villa hat die Familie Strudel gut hinbekommen. Mit viel Geduld und vielen Unterstützer*innen wurde die Villa unter Denkmalschutz gestellt und die oberste Naturschutzbehörde hat das Fällen von allen Bäumen verboten.
„Man kann als Einzelne*r eben doch was tun“, sagt Papa, und Mama fügt hinzu: „Auch eine Gruppe Einzelne*r bewirkt was, das ist wie bei den Ameisen. Sieben Ameisen können ein Stück Rinde schleppen, das 20-mal so groß wie sie ist.“ Okay, das mit den Ameisen gefällt Leon jetzt nicht so gut, aber seit einer Weile begeistert er sich für Bienen. Er ist ja großer Honigfan, seit der Nachbar der Familie Strudel einen kleinen Bienenstock auf seinem Dach hat. Leon durfte manchmal beim Honigschleudern zugucken. Aber dieses Jahr ist alles anders: Das Bienenvolk ist gestorben. Leon ist wütend. „Papa, was ist da los? Warum sind die Bienen gestorben?“, ruft er. Papa wackelt mit seinem Kopf – gar kein gutes Zeichen …

EINE GROSSE SACHE

„Leon, das Bienensterben ist ein weltweites Thema. Es hat viel damit zu tun, wie wir mit unserer Umwelt umgehen. Bienen sind empfindlich und reagieren auf Umweltgifte, die wir Menschen produzieren. Auch viele andere Insektenarten sind wegen der Gifte, die in der Landwirtschaft eingesetzt werden, vom Aussterben bedroht. Vor einiger Zeit gab es in unserem Bundesland ein Volksbegehren mit dem Namen „Rettet die Bienen“. Das Ziel war, dass Gesetze erlassen werden, um die Insekten besser zu schützen. Denn wenn die

Das demokratische Stufensystem

1. Die Bürger*innen-Initiative

Menschen mit einem Anliegen schließen sich zusammen, meist an einem bestimmten Ort. Wenn sich Bürger*innen-Initiativen zusammenschließen, nennt es sich Volksinitiative.

2. Das Volksbegehren

Das Volksbegehren ist ein mächtiges demokratisches Instrument, um neue Gesetze zu bewirken. Für ein Volksbegehren müssen innerhalb einer bestimmten Frist eine bestimmte Menge Unterschriften von Wahlberechtigten gesammelt werden, damit das Anliegen in einem Landesparlament vorgelegt wird. Damit ist zwar noch nicht sicher, dass das Parlament eine Gesetzesänderung vornimmt, aber es ist schon mal ein großer Schritt. Lehnt das Parlament ab, besteht die Möglichkeit eines Volksentscheids.

3. Der Volksentscheid

Der Volksentscheid ist die dritte Stufe der Möglichkeiten, eine Gesetzesänderung herbeizuführen, die wirklich direkt vom Volk ausgeht. Bevor es zum Volksentscheid kommt, bei dem dann mit Stimmzetteln über einen Gesetzentwurf abgestimmt wird, muss erst eine Volksinitiative, dann ein Volksbegehren erfolgen. Man nennt es dreistufiges Volksgesetzgebungsverfahren.

Bienen sterben, dann stirbt bald unsere ganze Landwirtschaft. 1,8 Millionen Menschen haben das Volksbegehren unterschrieben. Dazu hat auch unser Rathaus Räume zur Verfügung gestellt.“

Nach dem Volksbegehren sind tatsächlich im Landtag neue Gesetze verabschiedet worden und das Naturschutzgesetz wurde nachgebessert“, erklärt Papa. Leon macht große Augen.

Die Natur

Die Natur ist für alle wichtig. Aber es gibt oft unterschiedliche Interessen und Gesetze. Bei dem Thema gibt es immer wieder auch europaweite Bürger*innen-Begehren.

WIR DÜRFEN PROTESTIEREN!

„Meine Lieben, ich streike! Irgendwie habe ich das Gefühl, ich mache zurzeit alles und ihr nichts", verkündet Mama am Samstagmorgen und geht in Richtung Schlafzimmer.
„Gehen wir nicht zusammen einkaufen?", fragt Jana.
„Kommst du heute nicht mit auf den Fußballplatz?", fragt Leon.
„Wir wollten doch ein neues Kleid für mich kaufen?," jammert Anna. „Und zum Baumarkt, wegen Blumen?", fragt Papa besorgt.
Mama streckt noch einmal den Kopf aus der Schlafzimmertür: „Wenn ich das alles heute mit euch mache, dann ist der Tag rum. Ich muss mich aber mal erholen. Vielleicht können wir eine andere Lösung finden?" Alle denken nach.

EINE LÖSUNG MUSS HER

„Mama hat natürlich recht, so geht das nicht", sagt Papa. Er hat ein schlechtes Gewissen, denn er hat sich die ganze Woche wenig um die Familie gekümmert. „Wenn Menschen zu viel arbeiten, werden sie unzufrieden. Wenn sie für zu wenig Lohn arbeiten müssen, legen sie die Arbeit nieder und gehen auf die Straße. Immerhin hat Mama nur die Arbeit niedergelegt."
„Aber dürfen denn Arbeiter*innen einfach aufhören zu arbeiten?", fragt Jana.
„Das Recht auf Streik ist bei uns im Grundgesetz verankert. Es ist ein friedlicher Widerstand, ähnlich wie Demonstrationen. Bei einem Streik kämpfen Arbeitnehmer*innen für bessere Bedingungen. Bei einer Demonstration kämpfen Bürger*innen für bestimmte Themen. All das sind friedliche Mittel, um Unzufriedenheit auszudrücken."
„Dann streike ich jetzt auch", verkündet Leon. „Ich will mehr Fußball in meinem Leben." „Und wie willst du deinen Streik durchführen?", fragt Anna ihren Bruder. „Ich esse nichts mehr, so lange, bis ich viermal die Woche ins Training darf." „Oha", sagt Papa, „das ist gut, dann muss ich nicht so viel einkaufen. Da Mama streikt, müssen wir das jetzt machen. Wer kommt mit?" Die Kinder verziehen das Gesicht. „Und danach gehen wir Pizza essen!", fügt Papa an.
Leon möchte jetzt doch keinen Hungerstreik machen. Und Mama will nicht mehr streiken.

Revolutionen, Streiks, Aufstände

Eine der größten und wichtigsten Protestbewegungen war die Französische Revolution 1789. Leider starben dabei viele Menschen. Bald danach erkannten die Menschen, dass man auch mit friedlichen Mitteln etwas durchsetzen konnte.

Mit dem Aufkommen der Arbeiter*innenbewegung im 19. Jahrhundert haben sich immer mehr Arbeiter*innen solidarisiert und organisiert. Daraus entstanden die Gewerkschaften, die die Interessen der Arbeitenden vertreten.

Der erste Streik in Deutschland war der Dreigroschenstreik 1848, als 500 von 800 Leipziger Buchdrucker die Arbeit niederlegten und mehr Lohn verlangten: Pro 1000 gesetzter „N"s sollte es drei Groschen mehr geben.

2018

In der Bewegung Fridays for Future haben sich seit 2018 weltweit Jugendliche zusammengetan, um friedlich für eine bessere Klimapolitik zu kämpfen. Die Vorreiterin war Greta Thunberg, die jeden Freitag zum Schulstreik aufrief.

1989

Michail Gorbatschow, der Präsident der damaligen Sowjetunion, setzte auf eine Annäherung zwischen West und Ost. Er wollte keine Feindschaft mehr. Daraufhin demonstrierten auf der ganzen Welt Menschen für mehr Demokratie.

Leipzig 1989

Mit den Montagsdemonstrationen 1989 in Leipzig wurde das Ende der DDR eingeläutet. Immer mehr Menschen trafen sich an den Montagabenden, um friedlich gegen die Zustände im Land zu demonstrieren. Die Bewegung war möglich, weil das politische Klima in Europa diesen friedlichen Protest zuließ.

Polen

Der ehemalige Werftarbeiter Lech Wałęsa organisierte schon seit den 1970er-Jahren Arbeitsniederlegungen auf der Werft, um auf die Zustände aufmerksam zu machen. Später gründete er die Arbeiter*innenbewegung Solidarność, die zur Partei wurde. Wałęsa selbst wurde 1990 Staatspräsident von Polen und erhielt den Friedensnobelpreis.

Peking

Nicht in allen Ländern waren friedliche Demonstrationen möglich. Als am 4. Juni 1989 in Peking Tausende Menschen auf die Straße gingen, um für mehr Demokratie zu protestieren, wurde der Widerstand blutig niedergeschlagen. Viele Menschen starben oder mussten ins Gefängnis.

Deutschland

In den 1970er-Jahren entstand die Anti-Atomkraft-Bewegung. Viele Menschen demonstrierten gegen Kernkraft und den Bau von Atomkraftwerken, denn man erkannte die Bedrohung für die Umwelt. Aus der Bewegung ging die Partei Bündnis 90/Die Grünen hervor.

GESETZE

Jana erzählt aufgebracht von der Klassensprecher*innenversammlung – der Schulordnung sollen noch ein paar Paragrafen hinzugefügt werden: „Die greifen ziemlich in unser Leben ein, denn sie wollen jetzt unsere Lieblingsecken im Pausenhof verbieten. Nur weil ein paar dort unerlaubt geraucht haben. Das ist doch unfair, uns alle dafür zu bestrafen!“

„Ich kann schon verstehen, dass die Schulleitung eingreift, denn alleine konntet ihr das Problem anscheinend nicht lösen“, meint Papa.

Jana schmollt: „Wir haben den Raucher*innen immer gesagt, sie sollen das lassen, aber die wollten sich von uns nichts sagen lassen!“

„Das ist oft das Problem, dass Gesetze von oben kommen müssen, damit manche Menschen sie ernst nehmen. Leider funktioniert das noch nicht so richtig demokratisch, also vom Volke her“, ergänzt Mama, „man hat aber versucht, die Gesetzgebung auf viele Füße zu stellen.“

Bei dem Wort Füße wird Leon hellhörig, das erinnert ihn an Fußball.

WOZU SIND GESETZE DA?

„In unserer Demokratie, die wir auch als *repräsentative Demokratie* bezeichnen, weil uns Menschen *repräsentieren = vertreten*, müssen verschiedene Stufen durchlaufen werden, um ein Gesetz durchzubringen“, erklärt Papa. „Es wird geprüft, ob das Gesetz sinnvoll, anwendbar und haltbar ist. Ist ein Gesetz an einer Stelle löchrig, also kann es leicht angefochten werden, oder entspricht es nicht mehr den Werten der Gesellschaft, dann kann es auch gekippt werden. Sogar vom Volk!“, sagt Papa. „Wozu sind Gesetze denn überhaupt da?“, fragt Leon. „Gesetze sollen vor allem das Miteinander regeln und uns alle vor Fehlverhalten und vor Verbrechen schützen. Gesetze sind Regelwerke. Je größer die Gruppe, umso komplizierter die Gesetze. Und ständig kommen Gesetze dazu.“

Paragrafen

Gesetze sind in Abschnitte unterteilt, die Paragrafen heißen.

GESETZGEBUNG IM WANDEL

„Warum denn das?“, fragt Leon, dem schon die paar Regeln zu Hause eigentlich reichen.

Papa sagt: „Weil sich unsere Welt wandelt. Das Internet zum Beispiel gibt es seit gut 30 Jahren – es gab keine Gesetze für den Umgang damit. Jetzt müssen ständig neue Gesetze erlassen werden, um die Nutzung des Internets zu regeln.“

Leon grübelt. Klar, auch beim Fußball gibt es Regeln, sonst würde ja jeder *foulen*, was das Zeug hält.

Mama scheint seine Gedanken zu ahnen: „Eigentlich bräuchten wir keine Gesetze, wenn wir alle rücksichtsvoll miteinander umgehen würden. Gutes Benehmen und Freundlichkeit ersetzen viel Arbeit an Gerichten!“, sagt sie feierlich.

Gewaltenteilung

In Deutschland herrscht die Gewaltenteilung. Niemand entscheidet alleine über die Gesetze.

Legislative = gesetzgebende Gewalt. Im Parlament werden Gesetze beschlossen, damit alle Menschen im Staat wissen, was erlaubt ist und was nicht.

Judikative = rechtssprechende Gewalt. An Gerichten werden Leute auf der Grundlage der geltenden Gesetze bestraft, wenn sie sich nicht an die Gesetze gehalten haben.

Exekutive = ausführende Gewalt. Regierung, Behörden und Polizei setzen die Gesetze im Alltag um und passen auf, dass alle sich daran halten.

Ständig nachbessern

Viele Gesetze stammen aus dem 19. Jahrhundert. Damals war Deutschland ein Kaiserreich und die Lebensumstände völlig anders als heute. Deshalb müssen Gesetze immer wieder angepasst und nachgebessert werden. Die Gleichberechtigung der Frau war zum Beispiel lange nicht in den Gesetzen festgelegt. Und die gleichgeschlechtliche Liebe wurde erst Ende des 20. Jahrhunderts legalisiert.

Legalisieren

= per Gesetz als richtig und erlaubt erklären

GESETZE FÜR KINDER

Jana stößt Leons Müslischale vom Tisch. „Menno, paff doff auf!“, ruft Leon, der einen großen Löffel Müsli im Mund hat. „Selber, lern erst mal sprechen!“, schnauzt Jana zurück. Papa guckt verwundert hinter seiner Zeitung hervor und Mama dreht sich in der Tür noch einmal um, eigentlich ist sie schon auf dem Weg in die Arbeit. Jana hebt die Schale auf und knallt sie in die Spüle. „Wieso steht die auch so blöd im Weg?“, mault sie und setzt sich wieder, um weiterzuessen. „Hallo, geht's noch, krieg ich wohl neues Müsli?“ Leon ist den Tränen nahe.
Jana zuckt mit den Schultern.
Leon springt auf und brüllt: „Wieso hab ich als Kleinster hier eigentlich gar keine Rechte?“

KINDERARBEIT?

„Was ist los, Jana? So geht das doch nicht! Hol deinem Bruder ein neues Müsli und räum den Dreck auf!“, ruft Mama.
„Immer ich, überhaupt ist das Kinderarbeit!“, schimpft Jana.
„Oha“, sagt Papa, „ich glaube, wir sollten mal darüber reden, was Kinder dürfen und was Eltern müssen. Mama radelt derweil zur Arbeit, sonst gibt es bald gar kein Müsli mehr – und dann bekommen wir Eltern Ärger, weil wir euch verhungern lassen.“

Kinderarbeit: Arbeit, ...

- für die Kinder zu jung sind.
- die sie seelisch und körperlich schädigt.
- die zu gefährlich ist.
- die Kinder vom Zugang zu Bildung abhält und sie ihrer Kindheit beraubt.

WAS SIND KINDERRECHTE?

Der 20. September ist in Deutschland Tag der Kinderrechte. Die Generalversammlung der Vereinten Nationen, kurz UN, hat 1989 die Kinderrechtskonvention verabschiedet. Das sind die zehn wichtigsten Kinderrechte, aufgeteilt auf 54 Artikel. 196 Staaten der Erde haben die Konvention unterschrieben.
Der Schutz vor Kinderarbeit ist im Artikel 32 festgehalten. Damit Kinderrechte auch tatsächlich rechtlich bindend sind, müssen sie in den jeweiligen Gesetzen eines Landes verankert sein.

Nicht überall auf der Welt werden die Kinderrechte umgesetzt. Man geht davon aus, dass über 152 Millionen Kinder weltweit Arbeiten machen müssen, bei denen sie ausgebeutet und in ihrer Entwicklung verletzt werden.
Viele, oft noch kleine Kinder arbeiten in der Landwirtschaft, aber auch als Müllsammler*innen, Minenarbeiter*innen und Träger*innen.
Am schlimmsten trifft es Kinder, die in sklavenähnlichen Verhältnissen leben. Ja, die gibt es leider immer noch.

WAS KINDER DÜRFEN UND MÜSSEN

„Also, auf das Recht auf Bildung könnte ich verzichten", meckert Leon, der null Bock auf Schule hat.
„Und ich lass mich nicht versklaven, dir Müsli zu holen!", kräht Jana.
„Ganz so einfach ist es nicht", erklärt Papa. „Die Mitarbeit im Haushalt ist eine zumutbare Aufgabe und hat etwas mit Lebensbildung zu tun. Und deinem Bruder ein neues Müsli zu holen, hat was mit Herzensbildung zu tun, liebe Jana."
Jana sagt: „Ich würde auch lieber als Hundesitter arbeiten, als zur Schule zu gehen."
„Hm, dann warte mal noch drei Jahre. Ab 14 Jahren dürfen Kinder legal arbeiten, allerdings ist die Art der Arbeit genau festgelegt", antwortet Papa.
„Wann bin ich denn endlich kein Kind mehr?", muffelt Leon beleidigt.
„Ab 18 seid ihr keine Kinder mehr. Bis dahin müsst ihr leider auf eure Eltern hören. Wir sind nämlich verantwortlich und haften sogar für euch. Ganz nebenbei haben wir euch aber ganz doll lieb!"

Die 10 wichtigsten Kinderrechte

Das Recht auf ...

- Gleichheit, unabhängig von Herkunft, Religion und Geschlecht
- einen Namen und eine Staatszugehörigkeit
- Gesundheit
- Bildung und Ausbildung
- Spiel und Freizeit
- freie Meinungsäußerung
- gewaltfreie Erziehung, Privatsphäre und friedvolle Umgebung
- Schutz und sofortige Hilfe im Krieg, auf der Flucht, in Katastrophen sowie Schutz vor Ausbeutung
- elterliche Fürsorge und ein sicheres Zuhause
- Betreuung und Förderung bei körperlicher oder geistiger Beeinträchtigung

WER IST ZUSTÄNDIG?

Staatliche und nichtstaatliche Einrichtungen kümmern sich darum, dass die Kinderrechte umgesetzt werden. In Deutschland ist es zum Beispiel das Jugendamt, das sich um das Wohl von Kindern und Jugendlichen kümmert. Auch unabhängige Gruppen wie der Kinderschutzbund, die Unicef oder Plan International, kirchliche und gemeinnützige Organisationen kümmern sich um das Wohl von Kindern.

Viele sehr arme Länder können Kindern kein Recht auf Bildung zusichern. Oft ist hier das Recht auf Zugang zu sauberem Wasser noch viel wichtiger.

WAS DARF DIE PRESSE?

Leon

Jana

Mama Laura

Jana ist empört. Sie hat für die Schulzeitung einen Artikel verfasst, über den in der Redaktionssitzung heftig diskutiert wurde. „Schließlich haben sie mich weichgekocht und ich habe den Artikel geändert, aber jetzt macht er gar keinen Sinn mehr“, beschwert sie sich. Papa fragt: „Und warum wurde diskutiert?“ „Weil ich einige Lehrer*innen mit Namen genannt habe und ihr Hirn als Wüste beschrieben habe“, murmelt Jana kleinlaut.

Mama schaltet sich ein: „Selbst, wenn es wahr sein sollte, dass manche deiner Lehrer*innen Hohlköpfe sind, sollte man es nicht so öffentlich schreiben.“ „Aber was ist mit der Pressefreiheit?“, fragt Jana. Papa wackelt schon wieder mit dem Kopf. Das macht er immer, wenn es schwierig wird.

Grundrecht Pressefreiheit

In Deutschland gilt die Pressefreiheit. Das heißt, dass Vertreter*innen der Medien, also Fernsehen, Radio, Zeitungen, ob online oder gedruckt, ohne staatliche Einschränkungen ihre Meinung schreiben dürfen. Damit soll gesichert werden, dass die öffentliche Meinung gehört wird und nicht nur die Meinung der Politiker*innen.
In Ländern, in denen es keine Pressefreiheit gibt, wie zum Beispiel China oder Russland, kontrolliert der Staat die Nachrichten. Das nennt man Zensur. So kann die Bevölkerung schlecht selbst beurteilen, was wahr ist und was nicht.
Allerdings gibt es auch bei uns Grenzen der Pressefreiheit: Inhalte, die Kinder schädigen, werden kontrolliert. Für manche Filme und Sendungen gibt es Altersbeschränkungen. Äußerungen, die den Rechtsstaat gefährden, sind ebenfalls strittig.

Karikaturen

Karikaturen sind spöttische, kritische Zeichnungen.

UMWEGE ZUR WAHRHEIT

Papa Nico

„Die Pressefreiheit ist gar nicht so alt, mal gerade 200 Jahre. Davor haben sich die Menschen alle möglichen Tricks einfallen lassen, um die Wahrheit zu sagen. Zum Beispiel die Satire!“, sagt Papa und zwinkert. „Da kann man gut verpackt in Humor und Überspitzung so ziemlich alles sagen – also fast!“
„Was darf man denn nicht sagen?“, fragt Leon.
„Einige Menschen fühlen sich durch die Satire angegriffen und reagieren heftig. Manchmal ist es schwierig zu beurteilen, was Beleidigung ist und was Satire“, ergänzt Anna.
„Ein weiteres Mittel, seine Meinung zu äußern, sind Zeichnungen“, sagt Mama.
„Ah, das heißt dann Karikatur!“, weiß Jana. Sie überlegt schon, ob sie statt eines Artikels lieber eine Zeichnung macht.

Die Pressefreiheit

Die Pressefreiheit ist ein hohes Gut in der Demokratie. Denn durch sie wird gesichert, dass der Staat nicht in die öffentliche Meinung eingreift.

Dieses Thema könnte für große Aufregung und Streit sorgen.

GRENZFÄLLE

„Manche Politiker*innen haben gar keinen Sinn für Satire und werden sauer. Der türkische Präsident Recep Erdoğan hat auf ein beleidigendes Gedicht des deutschen Satirikers Jan Böhmermann so heftig reagiert, dass sich Politiker*innen einschalten mussten, um zu vermitteln. Das ist dann ganz schön heikel. Denn bei uns ist Satire erlaubt, in der Türkei aber gilt sie als Beleidigung", sagt Papa. Und Anna ergänzt: „Auch Satire über Religion ist schwierig und ruft häufig entsetzliche Reaktionen hervor. Es gab in der Vergangenheit immer wieder Anschläge von islamistischen Gruppen z. B. gegen Satirezeitschriften wie *Charlie Hebdo* in Paris."

Papa nickt. „Es ist eine Gratwanderung zwischen Wahrheit, Verfremdung und Beleidigung. Presseleute tragen also auch eine große Verantwortung. Einerseits sollen sie das Volk aufklären, andererseits müssen sie die Persönlichkeitsrechte wahren!"

Mama entgegnet „Man kann alles sagen, wenn man sachlich bleibt, aber freundlich im Ton."

Oh Mann, Leon ahnt, dass das Leben ganz schön kompliziert werden könnte.

Satire

Das Wort Satire kommt von lateinisch *satira lanx* = eine mit bunten Früchten gefüllte Schale, was so viel bedeutet wie: buntes Allerlei!

Satire

Satire wurde früher auch Spottdichtung genannt. Meistens werden damit Machthabende ins Lächerliche gezogen oder Zustände völlig übertrieben dargestellt. Es ist der Spott der Bürger*innen, der sich nach oben richtet. Satire ist seit der Antike eine Form, Kritik zu äußern. Allerdings muss Satire wirklich eine eigenständige künstlerische Form haben. Nur zu schreiben, was der andere für ein Hohlkopf ist, reicht nicht, das ist eine Beleidigung. Aber einen satirischen Cartoon, ein Plakat, einen Film oder ein Gedicht zu machen, ist erlaubt.

Zensur

In der DDR gab es eine staatliche Abteilung, die alles geprüft hat, was veröffentlicht wurde, auch Bücher. Was nicht passte, wurde mit schwarzer Farbe unleserlich gemacht oder verboten. Kritik an den Zuständen wurde deshalb häufig „versteckt" beschrieben, z. B. in Protestliedern, Puppenspielen und Kinderbüchern.

SIND ALLE WIRKLICH GLEICH?

Oma, Mama und Anna sitzen in der Küche und reden sich die Köpfe heiß. Mama ist sauer, weil so wenig Frauen im Betriebsrat sind. „Dabei ist das doch eine Riesenchance, da kann man was bewegen", sagt Anna.
„Es ist gar nicht so lange her, da mussten Frauen noch ihre Männer fragen, ob sie arbeiten dürfen", meint Oma. „Wählen, ein eigenes Konto haben, arbeiten – das alles mussten sich Frauen erkämpfen!" Mama haut auf den Tisch. „Die Frauenbewegung hat viel bewirkt", ergänzt Oma, die in ihrer Jugend gerne studiert hätte, aber ihr Vater hat es verboten.
„Unvorstellbar!", sagt Anna.
„Auch heute verdienen Frauen oft für dieselbe Arbeit weniger Geld als Männer", sagt Mama.

FÜR DAS RECHT KÄMPFEN

Opa erinnert sich noch gut. Als junger Mann ist er 1968 bei den Student*innen-Protesten mitgelaufen. Zusammen mit Oma. Damals ging es um Weltfrieden und Gleichberechtigung. Das mit der Gleichberechtigung hat ein bisschen besser funktioniert als mit dem Weltfrieden. „Oma hat damals die Pille genommen, sie wollte noch nicht so schnell ein Kind. Ich war erst ein bisschen traurig, aber dann hat sie mir das mit der Frauenrechtsbewegung erklärt", sagt Opa. „Ich bin dann ein Feminist geworden! Und das mit dem Kinderkriegen haben wir einfach später nachgeholt!"

FRAUENBEWEGUNG

Anna kann sich gar nicht beruhigen. Was heute selbstverständlich ist, war vor 100 Jahren in Deutschland noch eine Ausnahme: höhere Bildung für Mädchen! Manche Künstlerinnen haben in ihrer Kunst das Thema Frauenbewegung und Frauenrechte verarbeitet. „Ich finde die Gemälde von Frida Kahlo toll, sie hat das Thema Frau ganz eigenwillig behandelt. Ihre Bilder sind bis heute ein Symbol für die Frauenbewegung." Annas Studienfreund Max lacht, er kennt das schon. „Anna heizt mir manchmal ganz schön ein, wenn es um das Thema Mann und Frau geht, aber sie hat ja recht."

Frida Kahlo

(1907 – 1954) war eine mexikanische Malerin. In ihren Werken machte sie auf ihre Herkunft, auf ihr körperliches und seelisches Leiden aufmerksam. Ihr Werk wurde im Zuge der Frauenbewegung ab 1970 wiederentdeckt.

Die Frauenbewegung

Nach der Französischen Revolution 1789 wurde die *Deklaration der Bürger- und Menschenrechte* verabschiedet, die besagte: gleiche Rechte für alle Bürger Frankeichs. Kurz darauf forderte die Autorin Olympe de Gouges (1748 – 1793) dasselbe auch für Frauen, denn die Deklaration meinte nur Männer!

Die erste Welle der Frauenbewegung entstand ab der Mitte des 19. Jahrhunderts. Die Frauen, die mittlerweile auch in Fabriken, auf dem Feld und im Handwerk arbeiteten und gleichzeitig ihre Familien versorgten, setzten sich für mehr Mitsprache ein, vor allem für das Frauenwahlrecht, das Recht auf Bildung und das Recht auf Lohnarbeit. Die Frauen taten sich zusammen und organisierten sich. 1918 wurde das Frauenwahlrecht endlich in Deutschland verankert. Die zweite Forderung, das Recht auf Bildung, blieb noch lange ungehört. Frauen waren in Deutschland noch bis in das angehende 20. Jahrhundert nur in Ausnahmefällen an Universitäten zugelassen.

In **der zweiten Welle** der Frauenbewegung in den 1960er-Jahren gingen die Frauen für Gleichstellung und Chancengleichheit auf die Straße. Bis heute sind Frauen nicht in allen Teilen der Welt gleichgestellt und verdienen weniger als Männer im gleichen Beruf.

Die dritte Welle entfaltete sich in den 1990er-Jahren in den USA und dauert bis heute an. Das Recht auf freie Homosexualität und das Recht auf Geschlechterbestimmung werden hier verhandelt, aber auch das Thema Geschlecht in der Sprache und vor allem: die Gleichstellung aller Ethnien, also keine Benachteiligung aufgrund der Hautfarbe.

Suffragetten

Die ersten Frauenrechtlerinnen wurden Suffragetten genannt. Das Wort *suffragium* ist Lateinisch und bedeutet Stimmrecht. Heute bezeichnet man Frauenrechtler*innen als Feminist*innen.

VOLL SOZIAL

Oma und Opa bleiben heute länger da, denn Papa muss abends zur Stadtratssitzung und Mama zum Betriebsrat, Anna jobbt in einem Café und hat heute die Schicht für eine Freundin übernommen.
„Immer springst du ein, wenn deine Kollegin nicht kann. Warum machst du das?", fragt Leon.
„So helfe ich ihr und vielleicht brauche ich ja auch mal ihre Hilfe. Füreinander da sein macht vieles einfacher!", sagt Anna.
„Wir springen ja auch ein, wenn eure Eltern mal nicht aufpassen können", schmunzelt Opa. „Wir machen im Kleinen vor, was im Großen eben auch klappen muss, damit ein Sozialstaat wie die Bundesrepublik Deutschland funktioniert."
„Was meinst du damit?", fragt Leon.
„Na ja, zum Beispiel sorgt dieses *Füreinander da sein* dafür, dass alle Leute zum Arzt gehen können, indem jede und jeder in eine Krankenkasse einzahlt. Das war nicht immer so."

Solidarität

bezeichnet die Bereitschaft einer Gruppe, zusammenzuhalten und füreinander da zu sein.

KRANK SEIN DÜRFEN

„Füreinander da sein nennt sich Solidarität", sagt Oma, „im Übrigen muss ich morgen zum Arzt!" „Oh nein, Oma, was hast du denn?", fragt Jana besorgt. „Nur ein Zipperlein im Rücken, aber ich will, dass mein Arzt mal draufguckt! Schon toll, dass wir alle eine Krankenversicherung haben, die die Arztkosten übernimmt. Früher konnten es sich viele gar nicht leisten, zum Arzt zu gehen."

Als Anna von ihrem Job im Café wiederkommt, hat sie einen dicken Verband an der Hand. „Auweia, was ist denn da passiert?", fragt Oma.
„Ich hab mich beim Abspülen geschnitten, jetzt falle ich für zwei Wochen aus. Hoffentlich schmeißen die mich nicht raus!", sagt Anna.
„Ah, ein Arbeitsunfall", sagt Opa, „dann werden deine Arztkosten von der Berufsgenossenschaft bezahlt, sehr praktisch! Und kündigen darf dir niemand, nur weil du krank bist, das ist gesetzlich garantiert."

Sozial heißt: Viele tun etwas gemeinsam und stützen die Schwachen.

In einer Demokratie werden die Interessen des Volkes gehört.

Sozialversicherung

Alle Versicherungen, die für den Schutz von Gesundheit und Leben zuständig sind, nennt man Sozialversicherungen. Dazu zählen auch Berufsrisiko- und Arbeitsausfallversicherungen, Krankenkassen und die Rentenkassen. Die Krankenkassenpflicht gehört zu den ältesten Gesetzen der Sozialversicherung.

Wer regelt was?

Bildung und Gesundheit sind wichtige Teile eines Sozialstaates. Das Recht auf diese Leistungen bestimmen die Gesetze. Im Falle von Krankheiten und Unfällen regeln Einrichtungen wie Gesundheitsämter, Krankenkassen und Unfallkassen die Durchführung. Alles zusammen nennt man Gesundheitswesen. In Deutschland muss jeder Mensch krankenversichert sein.

„BERUFSGENOSSENSCHAFT, ...

... was ist denn das jetzt wieder?", Leon ist ratlos. Opa freut sich, dass er es Leon erklären kann: „Berufsgenossenschaften sind Verbände, die sich darum kümmern, dass keine Arbeitsunfälle passieren. Oder sie bieten Hilfe an, wenn etwas passiert.

Früher waren Arbeitsunfälle ein großes Problem. Wenn sich ein Arbeiter oder eine Arbeiterin verletzten und nicht mehr arbeiten konnten, fiel oft die ganze Familie in tiefe Armut. Heute müssen alle Unternehmen in die Berufsgenossenschaften Geld einzahlen. Die verwalten das Geld und zahlen es aus, wenn jemand bei der Arbeit einen Unfall hat."

Leon schwirrt der Kopf. „Opa, wenn ich morgen im Schulhof hinfalle und mir die Nase breche, hab ich dann auch eine Genossenschaft, die zahlt?"

„Natürlich, dann bezahlt die gesetzliche Unfallversicherung dafür. Alle Schüler*innen sind auf dem Schulgelände versichert. Aber weh tut es trotzdem!", Opa wuschelt Leon über die Haare.

Am Anfang lief es nicht gut

Durch die Industrialisierung im 19. Jahrhundert arbeiteten immer mehr Menschen in Fabriken oder großen Unternehmen statt in kleinen übersichtlichen Betrieben oder in der Landwirtschaft. In den Fabriken waren sie von der Laune und Güte ihrer Arbeitgeber abhängig. Oft waren die Arbeits- und Wohnverhältnisse schlimm, die Menschen wurden krank. Und es gab große Unterschiede zwischen Arm und Reich.

Eine neue Partei kümmerte sich um die Bedürfnisse der Arbeiter*innen: die Sozialdemokraten.

Das gefiel dem damaligen Herrscher, Kaiser Wilhelm II., gar nicht. Er befürchtete, dass die Partei zu mächtig werden würde.

Also beauftragte er seinen Kanzler, Otto von Bismarck, sich ein Gesetz einfallen zu lassen, das die Arbeiter*innen bei Krankheit und Unfall schützte. Bismarck führte daraufhin das Sozialversicherungsgesetz ein, also Krankenkassen und Unfallversicherungen für Angestellte.

VORBILDER

Leon freut sich. Nächste Woche ist in der Schule Projektwoche. Sein Projekt heißt in jedem Fall: Fußball!
„Du Hirni, das Thema ist Vorbilder!“, Jana regt sich schon wieder auf.
„Na und?“, sagt Leon, „im Fußball gibt's auch jede Menge Vorbilder, zum Beispiel Philipp Lahm. Der hat eine Stiftung gegründet und hilft Kindern in Afrika bei Bildung, Sport und Gesundheit. Botschafter für die Stiftung Lesen und für die SOS Kinderdörfer ist er auch!“
Über dieses Thema könnte Leon noch eine halbe Stunde weiterreden.
Papa lächelt still hinter seiner Zeitung, er mag es, wenn seine Kinder sich für etwas begeistern.
Er murmelt: „Vorbild meiner Jugend war Alf, dieser wahnsinnig freche Außerirdische.
So wollte ich immer werden, nur hübscher!“
Mama wuschelt Papa durch die Haare: „Da hast du dir ja ein tolles Vorbild ausgesucht! War Alf nicht stinkend faul und hat Katzen gefressen?“, fragt sie lachend.

HELDINNEN

Anna hat auch ein Vorbild: „Ihr wisst ja, dass ich die neuseeländische Ministerpräsidentin Jacinda Ardern super finde. Die hat nach einem Terroranschlag ihrem Land viel Halt gegeben und auch in der Pandemie. Ganz selbstverständlich hat sie während ihrer Amtszeit ein Kind bekommen.“
„Ich finde Greta Thunberg cool, mit ihrem Schulstreik für ein besseres Klima und für eine Politik, die sich drum kümmert“, sagt Jana.
Mama meint: „Michelle Obama mag ich, die stand nie im Schatten ihres berühmten Mannes, hat immer ihr Ding gemacht und vielen gezeigt, wie man mit Humor, Menschlichkeit und Intelligenz viel erreicht. Und natürlich Rosa Parks, die Frau, die so viel gegen Diskriminierung getan hat!“ Oma ruft „Mädels, Vorbilder sind ein super Thema. Wisst ihr, wer mich beeindruckt hat? Es war Marie Juchacz (1879 – 1959), die Gründerin der Arbeiterwohlfahrt, kurz AWO. Sie hat sich um Menschen in sozialer Not gekümmert. Die AWO gibt's bis heute. Ihr wisst ja, ich war dort Kindergärtnerin!“ Jana umarmt ihre Oma. „Sich um Kinder kümmern ist toll. Du bist auch eins meiner Vorbilder, Oma!“ Papa, Opa und Leon schauen sich an, jetzt sind sie dran.

Michelle Obama

Jacinda Ardern

Rosa Parks

Vorbilder des politischen Lebens

Michelle Obama (geb. 1964) ist Rechtsanwältin und die Gattin des 44. Präsidenten der USA, Barak Obama. Sie gilt für viele schwarze Frauen als Vorbild.

Jacinda Ardern (geb. 1980), Neuseelands Premierministerin, setzt besondere Maßnahmen um für den gesellschaftlichen Wohlstand für alle.

Rosa Parks (1913 – 2005) weigerte sich, ihren Bussitzplatz für einen Weißen zu räumen. Sie wurde deshalb festgenommen und löste so die erste Bürgerrechtsbewegung der USA aus.

Martin Luther King (1929 – 1968), Bürgerrechtler, setzte sich gegen Rassentrennung ein. Er wurde bei einem Attentat erschossen.

Jugendliche Vorbilder

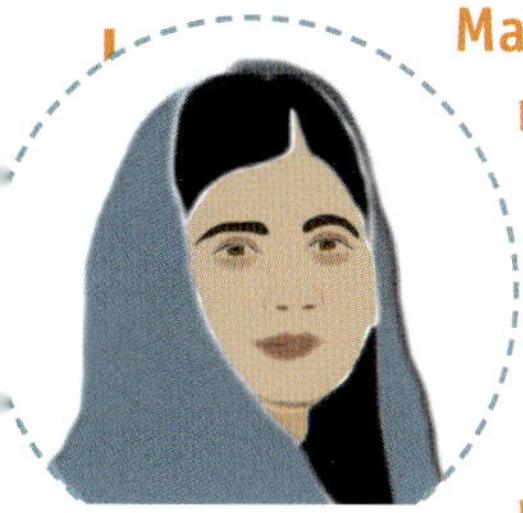

Malala

Malala Yousafzai (geb. 1997) hat 2011 mit einem Internettagebuch auf die Gewalt der Taliban-Herrschaft in Pakistan und die geringen Bildungschancen für Mädchen und Frauen in ihrem Land aufmerksam gemacht. 2012 wurde sie bei einem Attentat schwer verletzt. Für ihr weiterhin unerschrockenes und friedliches Engagement weltweit erhielt sie 2014 den Friedensnobelpreis.

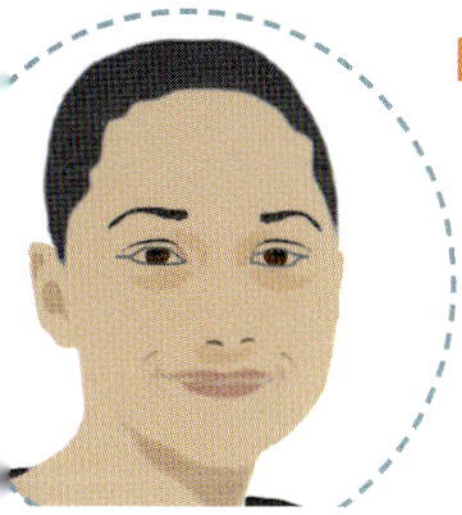

Emma

Emma Gonzáles (geb. 1999) hat 2018 in ihrer Schule den Amoklauf von Parkland überlebt. Seither macht sie sich für strengere Waffengesetze in den USA stark. Als sie 2018, kurz nach dem Attentat, auf einer Veranstaltung vor Tausenden Menschen für 6 Minuten und 20 Sekunden, so lange wie das Attentat gedauert hatte, schwieg, löste sie weltweit Aufmerksamkeit aus.

Xiuhtezcatl

Xiuhtezcatl Martinez (geb. 2000) wird der Klima-Junge genannt. Schon mit 15 hielt der US-Amerikaner weltweit Vorträge als Umwelt-Aktivist. Sein Vater hat alle seine Kinder in der Naturverbundenheit des Aztekenvolkes erzogen. Seine Mutter ist Gründerin der Umweltorganisation Earth Guardians.

Greta

Greta Thunberg (geb. 2003) begann im Alter von 14, mit Schulstreiks auf die Klimakrise aufmerksam zu machen. Ihre Aktion war der Grundstein für die weltweite Bewegung *Fridays for Future*. Die Schwedin hält weltweit Reden und hat viele Diskussionen angestoßen. Sie mag keine Kompromisse und fordert radikales Umdenken.

Joshua

Joshua Wong (geb. 1996) ist Politiker in Hongkong und fordert für sein Land demokratische Bedingungen. Seit 2014 setzt er sich für Pressefreiheit ein. Er wurde mehrmals für seine friedlichen Proteste verhaftet und gilt als einer der Hauptvertreter*innen der jungen Demokratiebewegung.

Boyan

Boyan Slat (geb. 1994) hat im Alter von 16 ein System zum Auffangen von Plastikmüll in den Weltmeeren erfunden. Mit seiner Initiative The Ocean Cleanup (Säuberung der Meere) setzt sich der Niederländer mit preisgekrönten Erfindungen für den Schutz der Weltmeere ein.

DIE WELT VERBESSERN

Opa erzählt, dass er lange für Winnetou geschwärmt hat. Aber den gab es ja nicht wirklich. Später fand er den Menschenrechtler Martin Luther King beeindruckend und dessen Rede *Ich habe einen Traum*.
Und ein Bild, das er nie vergisst, ist der Kniefall von Bundeskanzler Willi Brandt (1913 – 1992) in Warschau – es war seine Entschuldigung vor der Welt für die Gräuel des Zweiten Weltkriegs. „Ja, es gibt Menschen, die bleiben in Erinnerung und beeindrucken uns. Für mich sind auch all die jungen Menschen beeindruckend, die derzeit versuchen, die Klimapolitik zu verändern, und sich für Menschenrechte einsetzen. Wir haben viel zu lange zugeschaut und nichts gemacht. Ich schäme mich. Aber es ist nie zu spät, man kann in jedem Alter was bewegen!" Opa nickt.
Leon hat Opa selten so ernst erlebt. Irgendwie freut er sich jetzt auf die Projektwoche. Auch wenn ihm außer Vorbildern im Fußball gerade keine anderen einfallen.

Willi Brandt

Martin Luther King

WARUM KOSTET SCHULE NICHTS?

**Papa geht morgens als Erster aus dem Haus. „Dann kann ich im Rathaus in Ruhe arbeiten, bevor der Chef wieder 1000 Sachen will", sagt er, „und heute Abend koche ich!"
Mama nickt zufrieden: „Hat jeder genug Geld fürs Mittagessen dabei?", ruft sie. Mama isst mittags in der Betriebskantine, Papa hat Brote vorbereitet und Anna, Jana und Leon gehen in die Schul- und Uni-Mensa essen.
„Warum müssen wir eigentlich für die Schule nichts zahlen?", fragt Jana und beißt in ihr Brötchen.**

SCHULE FÜR ALLE

„Dazu muss man sich die Vergangenheit ansehen", sagt Mama, „tatsächlich gibt es die allgemeine Schulpflicht noch gar nicht so furchtbar lange!"
„Ich könnte auch darauf verzichten", murmelt Leon.
„Sei froh, dass es sie für alle Kinder gibt, denn das Recht auf Bildung war früher sehr ungerecht verteilt. Heute sollen alle Kinder gleiche Chancen haben. Auch deswegen ist der Besuch der staatlichen und städtischen Schulen kostenlos", erwidert Mama.

Teure Schule

Im 19. Jahrhundert kostete der Besuch einer Schule noch Schulgeld, je nach Schulart 10 bis 100 Mark im Jahr – das war damals für viele Menschen ziemlich viel Geld.

Große Vorausdenker*innen der Bildung

- Kaiser Karl der Große (748–814) holte viele Gelehrte zu sich und förderte den Aufbau von Klosterschulen und Bibliotheken. Der Kaiser wollte, dass alle seine Gesetze und das Wort Gottes verstanden werden. Er förderte eine neue Schrift, die Lesen leichter machte.

- Johann Amos Comenius (1592–1670), Philosoph und Pädagoge, erfand die ersten bebilderten Schulbücher. So wurde Lernen für alle Kinder etwas leichter.

- Martin Luther (1483–1546), Reformator, forderte eine Schulpflicht für Mädchen und Jungen und übersetzte die Bibel ins Deutsche. Auch ohne Lateinkenntnisse konnten die Menschen nun die Bibel lesen.

- Jean-Jacques Rousseau (1712–1778), Pädagoge, Dichter und Philosoph, forderte eine neue Art der Lernens, bei der die Lehrenden die Kinder ihrem Alter gemäß beim Entdecken begleiten. Ihn störte, dass zu wenig darauf geachtet wurde, was Kinder in welchem Alter können.

- Wilhelm Alexander von Humboldt (1769 –1859), Forscher, wünschte sich für alle Schichten gleiche Möglichkeiten bei der Bildung. Leider konnte er seine Pläne jedoch nicht umsetzen.

- Maria Montessori (1870–1952), Ärztin und Pädagogin, entwickelte eine neue Art des Lernens für Kinder, bei der die Bedürfnisse der Kinder im Mittelpunkt stehen. Die Lehrer*innen helfen den Kindern nur dabei, sich selbst neues Wissen und neue Fähigkeiten anzueignen.

UND DIE MÄDCHEN?

Anna schaltet sich jetzt mal ein. „Die Bildungsmöglichkeiten für Mädchen waren jahrhundertelang schlecht. Erst seit Beginn des 20. Jahrhunderts gibt es weiterführende Schulen für Mädchen, das muss man sich mal vorstellen!"
„Bildung für alle, also Gleichberechtigung, ist eines der zentralen Themen der Demokratie", sagt Mama.
„Genau, gerade im Zug der Flüchtlingswelle war es so wichtig, dass alle Kinder schnell eine Schule besuchen konnten und die Sprache erlernten. Damit standen ihnen Möglichkeiten offen, einen Beruf zu ergreifen. Demokratie ist nur umsetzbar, wenn Menschen die Zusammenhänge durchblicken!", Anna hat sich jetzt warm geredet. Gleichberechtigung ist ihr Lieblingsthema.

Lernen für alle

Das Studium steht allen offen, die die erforderlichen Voraussetzungen haben. Viele Universitäten kosten ein Semestergeld. Wer besonders begabt ist, kann Stipendien beantragen, das bedeutet: Das Studium wird finanziert. Für mehr Chancengleichheit gibt es seit 1971 das BAföG. Das ist ein staatlicher Zuschuss zur Ausbildung, wenn sich Eltern eine lange Ausbildung ihrer Kinder nicht leisten können. Eine Säule der Demokratie ist soziale Gerechtigkeit. Deshalb bekommen in Deutschland Familien mit Kindern Kindergeld vom Staat.

Ob Kindergeld oder BAföG, kostenlose Schule oder Studium ... das alles gehört zu einem Sozialstaat.

Schule in Deutschland heute

Das Schulwesen ist im Grundgesetz verankert. Die einzelnen Bundesländer setzen es aber nach eigenen Regeln um.

Grundlegende Regelungen

- Es herrscht Schulpflicht für alle Kinder.
- Der Schulbesuch ist kostenlos.
- Alle Schüler*innen müssen mindestens neun Jahre zur Schule gehen.
- Die Schulferien dauern in jedem Schuljahr 63 Werktage (Montag bis Freitag).
- Die Schularten und Klassen werden überall einheitlich benannt.
- Prüfungen werden in allen Bundesländern anerkannt.
- Die Notenstufen heißen überall gleich.

Im Jahr 1592

führte das Herzogtum Pfalz-Zweibrücken als erster Ort die Schulpflicht für Mädchen und Jungen ein.

WOVON LEBEN WIR EIGENTLICH?

Es ist Monatsende und Anna ist auf hundertachtzig! Sie hat heute ihren Lohnzettel für ihre Arbeit im Café bekommen. Für ihren Geschmack ist da viel zu viel von ihrem Lohn abgezogen worden. Mama und Papa heben die Augenbrauen, auch sie sind gerade erst von der Arbeit gekommen. Papa ist Beamter und erhält seine Besoldung am Monatsanfang. Mama bekommt Gehalt – und Opa und Oma, wovon leben die eigentlich?

WAS IM GEHALT ALLES DRINSTECKT

Mama schaut sich Annas Gehaltszettel an. Da stehen fürchterlich viele Zahlen drauf. Auch *Brutto* und *Netto*. „Brutto ist die Bezeichnung für das ganze Gehalt. Netto ist das, was du tatsächlich auf dein Konto bekommst. Vorher nehmen sich nämlich noch einige andere etwas von deinem Gehalt!"
Anna ist unzufrieden: „Aber dass das so viel ist?"
Leon staunt. „Wer darf sich da was nehmen? Einfach so?"

„Einfach so nimmt sich niemand etwas. Aber in einem Sozialstaat wie der Bundesrepublik Deutschland versucht man, den einzelnen Menschen abzusichern. Zum Beispiel für den Fall, dass er krank oder auch arbeitslos ist oder eben älter wird. Für diese Zeit muss Geld zurückgelegt werden. Also gehen vom Gehalt Krankenkassen- und Rentenbeiträge ab. Und Steuern, die bekommt meist das Finanzamt. Nur die Kirchensteuer geht an die jeweiligen Kirchen. Von den Steuern bezahlt der Staat seine Ausgaben."
Papa schmunzelt. „Das ist wie unsere Haushaltskasse, in die Mama und ich einzahlen. Davon wird Essen, Kleidung, Miete und manchmal auch ein Urlaub bezahlt. Der Staat zahlt von den Steuern neue Straßen, Schulen, Löhne für Beamte und Politiker und noch unendlich viel mehr."

Arbeitsentgelt

= Entlohnung für Arbeit: Je nach Berufsgruppe hat sie verschiedene Bezeichnungen: Beamt*innen, Soldat*innen und Bundesrichter*innen bekommen eine Besoldung. Angestellte bekommen Gehalt. Lohn ist eine alte Bezeichnung für das Geld, das Arbeiter*innen früher in einer Lohntüte bekommen haben.

Früher wurden Steuern häufig in Form von Lebensmitteln gezahlt. Die Bauern mussten immer eine bestimmte Menge an Getreide an ihren Landesherren abgeben. Dafür durften sie auf seinem Grund wohnen und arbeiten, mussten aber auch im Falle eines Krieges für ihn kämpfen.

Steuern

sind die wichtigste Einnahmequelle des Staates. Es gibt verschiedene Steuerarten. Die Lohnsteuer ist der größte Betrag, der vom Gehalt abgezogen wird. Ihre Höhe richtet sich nach der Höhe des Einkommens. Aber auch wenn wir Waren kaufen, zahlen wir Steuern, die sogenannte Mehrwertsteuer. Fast alles, was wir essen, hat einen niedrigeren Steuersatz als andere Waren. Aber auch Bücher, die gehören als geistige Nahrung dazu.
Bei manchen Waren gibt es Sondersteuern, zum Beispiel bei Benzin die Mineralölsteuer. Da geht fast die Hälfte an den Staat. (Stand 2021)

Tarifverträge

In vielen Berufen gibt es Gewerkschaften. Das sind Vereinigungen, die alle Interessen der Arbeitenden vertreten. Sie verhandeln, dass Arbeit sozial und gerecht ist und Löhne ausreichend hoch sind. Die meisten Gewerkschaften sind im 19. Jahrhundert entstanden, als viele Menschen unter schlimmen Bedingungen beschäftigt waren.

ABER OMA UND OPA?

„Wovon leben eigentlich Oma und Opa?“, fragt Leon. „Die gehen doch schon lange nicht mehr arbeiten.“
„Die beiden haben aber viele Jahrzehnte gearbeitet und in die Rentenversicherung eingezahlt – eben jenen Betrag, der vom Gehalt abgeht. Jetzt bekommen sie monatlich eine Rente ausgezahlt.“
„Ich könnte doch auch jeden Monat etwas in mein Sparschwein stecken und hätte dann, wenn ich alt bin, eine Rente?“, überlegt Jana.
„Genau“, sagt Papa, „nur ist beim Sparschwein die Gefahr groß, dass man es ab und zu schlachtet, um schon früher an das Geld zu kommen. Oder es wird einem geklaut. Dann wäre die Altersversorgung futsch. Da ist das Geld bei der Rentenkasse doch ganz gut aufgehoben!“

ARBEITSLOSENGELD

„Was passiert eigentlich, wenn ihr jetzt arbeitslos werdet?“, fragt Leon besorgt.
„Wenn man seine Arbeit verliert, bekommt man für eine bestimmte Zeit Arbeitslosengeld. Das ist etwas weniger als der Lohn, den man zuletzt verdient hat“, erklärt Papa, „es ist eine ganz wichtige Maßnahme. Sie verhindert, dass man von heute auf morgen in Not gerät. Bezahlt wird das von der Arbeitslosenversicherung, in die alle angestellt Arbeitenden und deren Arbeitgeber*innen Geld einzahlen.“
„Das ist also wieder etwas, was von meinem Lohn abgezogen wird“, sagt Anna. Aber das findet sie jetzt okay, weil es ihr Sicherheit gibt.

„Trotz Sozialsystem bin ich auf der Straße gelandet. Aber auch da gibt es Hilfe: Obdachlosenwohnheime, Sozialstationen und Essen, zum Beispiel von Spendenorganisationen. Die geben auch Futter für meinen Strolchi.“

CHANCENGLEICHHEIT

Jana ärgert sich über eine Lehrerin, die ihr eine schlechtere Note gegeben hat als ihrer Freundin, obwohl sie dieselbe Punktzahl erreicht hat. Leon möchte seinen Fußballverein wechseln, weil der Trainer ganz offensichtlich von irgendeinem reichen Vater bestochen worden ist, dessen untalentierter Sohn nun immer im Tor stehen darf. Papa musste an eine Mitarbeiterin eine Abmahnung schreiben, weil sie nicht sorgfältig arbeitet. Und Mama will in ihrer Funktion als Betriebsrätin mit der Geschäftsführung reden, weil es Unzufriedenheit in der Belegschaft gibt. Nur Anna ist gut drauf. Sie hat gerade einen Artikel über Chancengleichheit und Sprache für die Studierenden-Zeitung geschrieben.

BENACHTEILIGUNGSVERBOT

„Was für ein Glück, dass wir in einer Demokratie leben", sagt Papa, „hier dürfen wir uns beschweren und unsere Meinung sagen. Chancengleichheit ist sogar im Gesetz festgeschrieben."
Dann sieht er seine unglückliche Tochter und meint: „Die ungleiche Note ist bestimmt ein Versehen von deiner Lehrerin, Jana. Sprich sie doch morgen gemeinsam mit deiner Freundin an. Dann wird sich das klären." Jana findet, es ist einen Versuch wert.

Bei Einstellungsgesprächen darf niemand benachteiligt werden, etwa wegen Geschlecht, Herkunft, Religion oder Behinderung!

Chancengleichheit im Gesetz

Im Artikel 3 des deutschen Grundgesetzes heißt es:
„Niemand darf wegen seines Geschlechts, seiner Abstammung, seiner Rasse, seiner Sprache, seiner Heimat und Herkunft, seines Glaubens, seiner religiösen oder politischen Anschauungen benachteiligt oder bevorzugt werden. Niemand darf wegen seiner Behinderung benachteiligt werden."

- Chancengleichheit meint gleiche Bedingungen für alle bei Bildung und Berufswahl.
- In der Politik ist Chancengleichheit der politischen Parteien ein Grundsatz der Demokratie. Sie garantiert Wahlfreiheit der Wähler*innen. Keine Partei darf sich Einfluss erkaufen.

Grundgesetz
Das Grundgesetz ist die Verfassung Deutschlands: In ihm stehen die wichtigsten Gesetze, die nur sehr schwer geändert werden können.

SPRACHE IM WANDEL

„Chancengleichheit fängt mit der Sprache an“, ereifert sich Anna. „Häufig wird nur die männliche Form verwendet. Wir arbeiten daran, dass das Studentenwerk zukünftig Studierendenwerk heißt. Sprache muss sich jetzt einfach ändern, um auf das Problem aufmerksam zu machen, dass Sprache zu männlich ist.“

„Das ist dieses Sternchen*innen“, erklärt Mama, die die Fragezeichen in den Gesichtern von Jana und Leon sieht.

Jana versteht: „Deswegen müssen wir jetzt immer Bestimmer*innen sagen, ja?“

Papa räuspert sich. „Es ist ein bisschen unpraktisch, nicht?“

Jana, Anna und Mama antworten gleichzeitig: „Ja, alle Reformen machen erst einmal Mühe. Aber damit sich im Kopf was ändert, muss es auch ein wenig wehtun. Die Chancengleichheit in unserer Familie sieht heute vor, dass die Jungs den Einkauf managen und wir Frauen Zeitung lesen. Bildung muss sein!“

Keine Demokratie

In nicht demokratischen Staaten können sich die Menschen nicht frei austauschen, weil der Staat Internetseiten sperrt, wenn er darin eine Gefahr sieht. Und bei Wahlen gibt es oft keine Wahl, weil einige Kandidat*innen sich nicht zur Wahl stellen dürfen.

Machtmissbrauch

Demokratische Staaten ermöglichen, dass jeder in Freiheit leben und sich entfalten kann. Autokratische Staaten verbieten z. B. Homosexualität oder unterdrücken bestimmte Minderheiten oder benachteiligen Frauen, missachten die Rechte der Kinder oder verbieten der Presse, die Wahrheit zu schreiben.

Papa erklärt aber auch, dass nicht alles Machtmissbrauch ist, was zunächst so aussieht: „Wenn dein Fußballtrainer einen Jungen bevorzugt, weil er Geld dafür bekommen hat, dann ist das Bestechung. Wenn er dem Jungen aber die Chance gibt, auch einmal im Tor zu stehen, obwohl er beispielsweise schlecht sieht, dann nennt man es Chancengleichheit. Es ist also gar nicht so ganz einfach!“, schmunzelt Papa.

„Der hat nix an den Augen, der ist nur unsportlich“, mault Leon, der jetzt mit Papa zum Einkaufen muss und nichts von Chancengleichheit hält.

Chancengleichheit heißt auch gleicher Lohn für gleiche Arbeit. Trotzdem verdienen Frauen im Schnitt weniger als Männer in derselben Position. Da merkt man, dass sich die Rechte der Frauen erst in den letzten 100 Jahren verbessert haben!

WENN ALLE MITBESTIMMEN DÜRFEN

Jana knallt ihren Rucksack auf den Tisch. Sie ist gerade von einer Waldwoche zurückgekommen. „Mann, war das anstrengend. Ständig mussten wir uns beraten!"
Mama und Papa gucken erstaunt. „Worüber denn?"
„Was wir wann essen, wer was macht, ob wir was spielen sollen, ob wir in Gruppen oder einzeln in den Wald gehen und und und. Supernervig, weil es zu allem eine Versammlung gab und jeder Lauch seine Meinung sagen konnte. Und dann diese Abstimmerei! Wahnsinn, an manchen Tagen haben wir nichts hingekriegt, noch nicht mal spielen!"
Leon tippt sich an die Stirn. „Wär mir zu blöd, wenn ich in so einem tollen Wald wäre."
Mama sagt: „Hatten die Lehrer keinen Plan, was gemacht wird?"
„Schon, aber nachdem am Anfang alle gemeckert haben, dass der Plan der Lehrer blöd sei, haben wir ein Planspiel gemacht: *Wie funktioniert Anarchie*!"

Anarchie und Utopie

**Anarchie bedeutet so viel wie *Nichtherrschaft*. Viele bedeutende und kluge Menschen haben über Anarchie nachgedacht: „Was würde passieren, wenn es einen total anarchischen Staat gäbe?"
Denn der Gedanke einer herrschaftslosen Gesellschaft ist interessant, aber etwas unpraktisch im Alltag. Es hat immer wieder Versuche gegeben, so zu leben. Gesellschaftsformen, die einen Idealzustand beschreiben, der in „echt" meist nicht funktioniert, nennt man *Utopien*.**

WAS IST ANARCHIE?

„Ana-was?", fragt Leon.
„Anarchie bedeutet: Es gibt gar keine Herrschaft! Alles muss in der Gruppe besprochen werden, die Gruppe regelt alles gemeinsam", belehrt Jana ihren Bruder.
„Und das hat nicht so toll funktioniert?", fragt Papa amüsiert.
„Es hat irre viel Zeit gekostet und dann gab's ein paar, die wollten alle niederquatschen. Anschließend haben wir stundenlang drüber diskutiert, wie man diskutiert."
Papa grinst: „Wir halten also fest: Anarchie ist zwar toll, weil alle mitreden dürfen und niemand alleine bestimmt. Sie ist aber zeitraubend, weil immer alles neu verhandelt werden muss, richtig?"
„Genau", sagt Jana, „es gibt keine Gesetze, keine festen Regeln, beziehungsweise müssen die ständig wieder neu festgelegt werden. Das ist einerseits total cool, aber andererseits kommt man zu nichts."

ANARCHIE IN DER KÜCHE

Mama fragt: „Sollen wir jetzt diskutieren, was wir heute essen, oder kann ich einfach Nudeln mit Tomatensoße machen?"

„Ich will Ketchup", ruft Leon.

„Für mich bitte keine Nudeln, nur Soße", sagt Anna.

„Ich will eine andere Soße", ruft Papa.

„Okay, hört mal. Wir können gerne am Sonntag eine Essensliste beschließen. Und jemanden wählen, der an bestimmten Tagen fürs Essen zuständig ist", sagt Mama, „aber jeden Mittag rumdiskutieren will ich nicht. Demokratie heißt ja Herrschaft des Volkes. Wenn wir jemanden gewählt haben, vertritt der unsere Meinung. Gelebte Demokratie fängt im Alltag und somit bei Nudeln mit Tomatensoße an."

Und mit diesen Worten stellt Mama den Nudeltopf auf den Herd.

MITBESTIMMUNG ÜBER VERTRETER*INNEN

Beim Mittagessen denkt Jana immer noch über Anarchie nach. „Mitbestimmen ist schon gut", meint sie, „aber vielleicht muss man nicht über jeden Fizzel abstimmen, also ob man nun graues oder weißes Klopapier kauft. Ist schon krass, was man alles bedenken muss, wenn viele Menschen unterschiedliche Meinungen haben!"

Anna schaltet sich ein: „Geh doch in den Schüler*innenbeirat. Der setzt sich mit Lehrer*innen, Schüler*innen und Eltern an einen Tisch, verhandelt oder stellt Forderungen. Sozusagen als Vertreter*innen der Schülerschaft.

So funktioniert es auch in unserer Politik. Wir, das Volk, wählen Vertreter*innen für unsere Stimmen. Und durch Schüler*innenmitbestimmung kann man solche demokratische Grundformen super lernen!"

Jana kriegt große Augen. „Au ja, ich will Schülersprecherin werden! Klassensprecherin bin ich ja schon!"

John Dewey

Lernen durch Handeln

Der US-Amerikaner John Dewey (1859 – 1952) war ein Reformpädagoge und Philosoph. Er war der Meinung, dass man „Demokratie" nicht früh genug lernen kann. Denn Demokratie bedeutete für ihn ein erfülltes Leben. Er war auch dafür, dass jeder beim Lernen mitbestimmen sollte, damit „gerne" gelernt wird. Er prägte den berühmten Satz „Learning by doing" – also: „einfach machen und dabei lernen". Denn am besten lernt man, wenn man die Dinge ausprobiert und selbst Erfahrungen macht.

NICHT IMMER GEHT ALLES GLATT

Leon und Anna kommen gleichzeitig nach Hause. „Boah, war das Fußballtraining heute anstrengend!", stöhnt Leon und holt sich gleich eine Flasche Wasser aus dem Kühlschrank.
„Aber das ist sicher nichts gegen den Stress bei meinem Job im Café!", Anna lässt sich erschöpft aufs Sofa sinken.
Mama lacht. „Jammert nicht so rum, ihr beiden! Erinnert ihr euch noch an die Zeit, als vieles wegen der Covid-19-Pandemie geschlossen war?" Alle nicken betroffen, auch Jana und Papa. An die langen Monate mit Homeschooling, Homeoffice, geschlossenen Cafés, Kinos, Läden und Schwimmbädern erinnert sich niemand von ihnen gern.
„Das war eine echt harte Zeit", meint Jana, „die ersten zwei Wochen habe ich mich gefreut, aber dann wurde mir langweilig!" Leon nickt: „Ich habe die Schule richtig vermisst. Ich!", er schüttelt den Kopf, als könnte er es immer noch nicht glauben. „Gut, dass Homeschooling endlich vorbei ist!"

IM NOTFALL MUSS ES SCHNELL GEHEN

„Aber manche Vorschriften, die die Politiker*innen während der Pandemie erlassen haben, waren wirklich auch doof und unlogisch", schimpft Anna.
„Politiker*innen sind auch nur Menschen und das war eine extreme Situation", sagt Mama.
„Aber wir haben die doch gewählt, damit sie uns vertreten? Wenn wir was anderes wollten als Ausgangssperre und Schule schließen? Dann war doch das nicht der Wille des Volkes!", sagt Anna wütend.
„Kinder, da hat die Demokratie tatsächlich ihre Grenzen. Im Krieg, bei Seuchen und bei Naturkatastrophen gibt es Ausnahmeregelungen. Zum einen, weil es meistens schnell gehen muss. Zum zweiten, weil das Volkswohl gefährdet ist. Dann müssen die Interessen jedes und jeder Einzelnen zurückstehen. Unsere Vertreter*innen entscheiden für die ganze Gruppe", fügt Papa hinzu.

„Und nach was entscheiden die Politiker*innen in solchen Krisen?", fragt Jana. Papa antwortet: „Sie beraten sich mit Expert*innen und wägen dann ab, was den kleinsten Schaden verursacht. Und dann wird gehandelt. Es stecken viele Gespräche mit verschiedenen Entscheider*innen dahinter. Da es aber in Extremsituationen wie einer Pandemie wirklich fix gehen muss, dass neue Regeln erlassen werden, können nicht mehr alle mitbestimmen."
Anna verzieht das Gesicht. Aber Papa war noch nicht fertig: „Wenn du etwas ungerecht findest, kannst du zum Gericht gehen und dagegen klagen. Dann entscheidet das Gericht, ob die Maßnahmen, die beschlossen wurden, richtig sind."

Pandemie

Eine Pandemie ist eine ansteckende Seuche, die sich sehr schnell über mehrere Länder verbreitet.

REGIEREN IN KRISENZEITEN

Mama ergänzt: „Die Corona-Pandemie war nicht nur für die Bürger*innen ein Schock, auch in der Regierung und den Parlamenten und selbst unter den Expert*innen war niemand wirklich auf so etwas vorbereitet."
„In solchen Zeiten, wenn man nicht auf Erfahrungswerte aus der Vergangenheit zurückgreifen kann, müssen Politiker*innen nach dem Prinzip *Trial and Error* entscheiden", sagt Papa.
Leon kichert. „Treil änd erow, was soll denn das sein?"

Versuch und Irrtum

Trial and Error **kommt aus dem Englischen und heißt so viel wie *Versuch und Irrtum*. Die beiden US-amerikanischen Wissenschaftler Herbert Spencer Jennings und John W. Holmes, die beide im 19. Jahrhundert lebten, haben diese Redewendung erfunden. Bei dieser Methode, Probleme zu lösen, probiert man so lange unterschiedliche Möglichkeiten aus, bis man das erwünschte Ergebnis erhält.**
Natürlich gibt es auch ein superwissenschaftliches Wort dafür: *Heuristik*! Das hat nichts mit Futter für Kühe zu tun, sondern ist die Kunst, mit begrenztem Wissen und wenig Zeit zu umsetzbaren Lösungen zu kommen.

KOMPLIZIERT EINFACH

„Das, mein Großer, ist das, was wir auch jeden Tag in eurer Erziehung, bei der Arbeit, ja, was wir wohl ständig machen: Wir probieren etwas aus und schauen, ob es sich bewährt oder nicht. Denn bei allem Wissen: Das Leben bleibt ein Experiment!", meint Papa und wackelt mit dem Kopf.
„Aber wisst ihr nicht immer, was richtig ist?", Leon wird es unbehaglich.
Papa wackelt stärker, das Thema ist ein Minenfeld. „Eltern und Politiker*innen handeln nach bestem Wissen und Gewissen. Wir haben alle die Pflicht, uns zu informieren und verantwortungsvoll zu handeln. Leider gibt es auf viele Entscheidungen keine Garantie wie auf eine Waschmaschine. Man kann etwas gut gedacht haben, aber in echt kommt es gar nicht gut an!"
Anna grübelt. „So wie die Kanzlerin Angela Merkel, die sich einen Tag nach einer umstrittenen Entscheidung bei uns allen entschuldigt hat?"
„Genau so", sagt Papa, „das war mutig und ehrlich von ihr. Ihr wisst doch selber, wie schwer es ist, einen Fehler einzugestehen? Und dann noch vor 80 Millionen Menschen? Hut ab." Papa wackelt nicht mehr mit dem Kopf.

Verantwortung

Bundeskanzlerin Angela Merkel hat nicht alleine über die Maßnahmen in der Corona-Pandemie entschieden. Sie hat sich mit den 16 Ministerpräsident*innen beraten, denn die mussten ja am Ende die Maßnahmen in ihren Bundesländern durchsetzen.
Der Bundestag hat sich allerdings beklagt, dass er nicht eingebunden wurde. Andererseits: Im Bundestag sitzen mehr als 600 Abgeordnete, in der Ministerpräsidentenrunde nur 16 Leute und die Kanzlerin. Da es in der Pandemie schnell gehen musste, wäre eine Abstimmung unter 600 Menschen viel komplizierter gewesen.

WAS MACHEN BUNDESKANZLER*INNEN?

Papa hat sich nach dem Abtrocknen ein wenig hingelegt, während Jana und Mama bei einem Online-Fitnesskurs mitmachen. Leon übt solange Schattenboxen.

„Als Kanzlerin oder Kanzler hättet ihr dafür keine Zeit mehr", meint Anna, die sich vor der Wahl nochmal den Terminkalender der Bundeskanzlerin angesehen hat.

VIELE AUFGABEN

„Man kann sich den Terminkalender der Bundeskanzlerin angucken?", fragt Leon ungläubig.
„Den Terminplan kann man im Internet abrufen. Da stehen wichtige nationale und internationale Gespräche und Treffen drin, aber natürlich nicht der Arzt- und Friseurtermin", erzählt Anna.
„Und als Kanzler*in hat man so viel zu tun, dass man nie Sport machen kann? Oder ein Mittagsschläfchen?"
Jana ist beeindruckt.
Leon findet, dass Bundeskanzler*in ein ganz schön krasser Superberuf ist. Irgendwie kann er sich das auch gut für sich vorstellen. „Das schaffst du nie, denn Bundeskanzler*innen schlafen nie. Die müssen Tag und Nacht auf Zack sein", meint Jana streng, die sich selbst sehr gut als Kanzlerin vorstellen kann. „Natürlich müssen Bundeskanzler*innen immer erreichbar sein. Aber schlafen müssen sie auch", sagt Anna. „Angela Merkel hat mal von sich behauptet, ein Schlafkamel zu sein, das heißt, sie kann auf Vorrat schlafen!"
Okay, das wäre nichts für Leon. „Aber der Palast der Kanzler*innen in Berlin gefällt mir gut", sagt er.
Anna lacht. „König*innen haben Paläste. Das Bundeskanzleramt aber ist die oberste Bundesbehörde, die den oder die Bundeskanzler*in unterstützt."

Jana

Aufgaben des/der Kanzler*in

Der Kanzler oder die Kanzlerin schlägt die Minister*innen vor, die das Bundeskabinett bilden. Es gibt Minister*innen für sehr unterschiedliche Themenbereiche, darunter Außenpolitik, Innenpolitik, Wirtschaft, Familie, Gesundheit, Verkehr, Arbeit, Bildung, Forschung, Umwelt, Verteidigung, Justiz und mehr.
Der Kanzler oder die Kanzlerin gibt die Richtlinien der Regierungspolitik vor. Die Minister*innen handeln danach, sind aber innerhalb ihres Zuständigkeitsbereiches selbstständig. Für die Arbeit ihres Kabinetts müssen sich Bundeskanzler*innen vor dem Bundestag verantworten.
Es gibt auch einen oder eine Vizekanzler*in, der/die im Ernstfall einspringt.
Der Kanzler oder die Kanzlerin leiten die Geschäfte der Bundesregierung, sind also eine Art Geschäftsführer*in.
In einem ganz besonders schlimmen Fall wie Krieg hat der Kanzler oder die Kanzlerin den Oberbefehl über die Streitkräfte, also die Soldatinnen und Soldaten.

Leon

Ziemlich genau hier ist eine Art Theatersaal. Manchmal kommen Besucher*innen ins Bundeskanzleramt, die werden dort empfangen.

Richtlinien

Die Kanzlerin oder der Kanzler bestimmt die Richtlinien der Politik und schlichtet, wenn sich Minister*innen mal nicht einig sind.

Ungefähr hier ist das Kanzlerbüro mit direktem Blick auf das Reichstagsgebäude, in dem der Bundestag zusammenkommt.

Das Bundeskanzleramt

Für das Bundeskanzleramt arbeiten derzeit über 720 Menschen. Deshalb wird seit 2019 ein Neubau geplant.

BUNDESKANZLERAMT

Anna hat sich beim Bundeskanzleramt um eine Stelle als Praktikantin beworben. Tatsächlich kann man das machen, sogar schon als Schülerin oder Schüler! Außerdem gibt es jedes Jahr im August einen Tag der offenen Tür, wo Kinder mit ihren Eltern ins Bundeskanzleramt dürfen.

„Vielleicht kann ich mit dem oder der Bundeskanzler*in dann auch mal über Bildungspolitik reden", sagt Anna.

„Dafür gibt es doch ein eigenes Ministerium", meint Papa, „aber es wäre schon sehr spannend."

Kanzler*in & Co

Die Bundeskanzlerin oder der Bundeskanzler hat einen Amtssitz, also ein Büro, im Bundeskanzleramt in Berlin. In dem Haus arbeiten eine Menge Leute, die der Kanzlerin oder dem Kanzler viel Arbeit abnehmen, denn natürlich können die nicht alles selber machen. Da werden Reden geschrieben, Termine vereinbart und Informationen so vorbereitet, dass sie schnell erfasst werden können.

Eine sehr wichtige Aufgabe der Kanzlerin oder des Kanzlers ist es, sich mit den Bundesminister*innen (= dem Bundeskabinett) abzustimmen. Dazu gibt es im Bundeskanzleramt einen großen Raum mit einem Riesentisch.

TAG DER ENTSCHEIDUNG

Irgendetwas ist anders an diesem Sonntagmorgen. Leon, der immer schon früh wach ist und damit alle nervt, ist heute ausnahmsweise mal nicht der Erste.
Anna ist schon aus dem Haus, sie arbeitet als Helferin in einem Wahllokal. Der Rest der Familie ist auch wach und Papa macht gerade Pfannkuchen zum Frühstück. Im ganzen Haus duftet es lecker.
„Seid ihr krank, was ist denn mit euch los?", begrüßt Leon seine Familie. Er hat schon seine Fußballsachen an.

GEHEIME WAHL

„Heute ist doch Bundestagswahl! Und damit wir nachher nicht ins Gedränge kommen, gehen wir recht früh ins Wahllokal", erklärt Papa. „Wenn ihr wollt, dürft ihr mit mir in die Wahlkabine!"
„Ich denke, die Wahl ist geheim?", fragt Jana.
„Ihr müsst mir halt versprechen, dass ihr nicht herausposaunt, dass euer Papa den Quadratschädel von der XY-Partei gewählt hat oder die Brotspinne aus dem ABC-Lager. Sonst waren das die letzten Pfannkuchen!"
Papa schmunzelt, und Leon ahnt, dass Fußballspielen heute nicht das Thema des Tages ist.

ZITTERN UND FEIERN

„Ist das nicht furchtbar aufregend für die Politiker*innen? Wo sind die denn heute?", fragt Jana.
Mama antwortet: „Die meisten Parteien richten für den Tag eine Wahlzentrale ein, meist in einem Lokal. Dorthin kommen auch Unterstützer*innen und ausgewählte Freund*innen. Meistens ist auch Presse dabei, weil man ja die Gesichter sehen möchte, wenn die Auszählungsergebnisse eintrudeln. Das ist dann so spannend wie ein Krimi und manche Wahlparty fällt auch ins Wasser, weil es nicht gut gelaufen ist."

Stimmzettel

Den Stimmzettel muss man so, wie es vorgeschrieben ist, ausfüllen, sonst ist er ungültig. Man darf zum Beispiel nicht allen Kandidaten Kreuzchen geben.

Stimmabgabe

Im Wahllokal sind viele ehrenamtliche Helfer*innen. Eine Gruppe prüft die Wahldokumente, eine andere händigt die Stimmzettel aus, eine weitere Gruppe hakt die Wähler*innen im Wähler*innenverzeichnis ab und die letzte Gruppe guckt, dass die Stimmzettel richtig in die Wahlurnen geworfen werden. Dieses System sorgt dafür, dass nicht geschummelt wird. Es wäre nämlich Wahlbetrug, wenn plötzlich ein Mensch 1000 Stimmen für seine Lieblingsperson abgibt. Kommt das heraus, ist die Wahl ungültig und alles geht von vorne los. Das kostet Geld und Nerven und schwächt den demokratischen Gedanken. Unfair ist es obendrein! Wahlen finden häufig in Schulen statt.

Wahlkosten

Die Kosten für eine Wahl tragen Bund und Länder. Es müssen ja Wahlunterlagen gedruckt und versandt werden. Alle Wahlhelfer*innen bekommen eine kleine Entschädigung.

WAHLFORSCHUNG

„Woher wissen die denn schon am Wahltag, wie die Wahl ausgehen wird?", fragt Leon. Als Fußballer weiß er, dass ein Tor in der letzten Minute alles verändern kann.

Papa rückt seine Brille zurecht. Das ist auch ein Zeichen dafür, dass es kompliziert wird: „An einem Wahltag laufen direkt nach Schließung der Wahllokale schon die Auszählungen. Viele freiwillige Helfer*innen werten die Stimmzettel aus.

Und weil an einem Wahlabend noch nicht alle Ergebnisse vorliegen, berechnen Wahlforschungsinstitute das ungefähre Ergebnis anhand der Daten, die schon zur Verfügung stehen", erklärt Papa weiter.

„Das ist nicht exakt, zeichnet aber einen Trend auf. Diese Hochrechnungen werden im Fernsehen und Internet gezeigt und ständig aktualisiert. Manche Kandidaten und Kandidatinnen können gar nicht hinsehen, weil sie sonst einen Herzkasper kriegen."

Leon kratzt sich am Kopf. Er findet Fußballspiele spannender.

Am Tag der Wahl

In Deutschland wird traditionell an einem Sonntag gewählt. Die Wahllokale sind von 8 bis 18 Uhr geöffnet. Man muss sich ausweisen und seine Wahldokumente mitbringen. Die werden allen Wahlberechtigten etwa vier Wochen vor der Wahl zugesandt. Jeder darf sich überlegen, ob er persönlich oder per Briefwahl wählt.

Die Briefwahlunterlagen müssen bis zu einem bestimmten Zeitpunkt bei den Wahlbehörden eingegangen sind, sonst sind sie ungültig.

EINE KURZE NACHT

Als Anna von ihrem Job als Wahlhelferin spätabends nach Hause kommt, bleibt sie noch lange wach und schaut immer wieder im Internet, wie sich die Hochrechnungen verändern. Papa bleibt mit ihr auf.
Um vier Uhr früh ist klar, dass keine der Parteien die absolute Mehrheit gewonnen hat.
„Jetzt gibt's Koalitionsverhandlungen oder jemand wagt eine Minderheitsregierung", meint Papa gähnend.
„Die Regierungsbildung wird sich also noch ein wenig hinziehen", sagt Anna, „dann können wir jetzt auch ins Bett gehen!"

KOALABÄREN?

Als Leon am Morgen zum Frühstück erscheint, hört er ganz komplizierte Wörter: Koalitionsvereinbarung, Minderheitsregierung, Jamaikakoalition und Ampel.
„Auweia, geht's noch schwieriger?", schimpft Leon.
Papa schmunzelt. „Nur die Ruhe. Gestern hat keine Partei die absolute Mehrheit gewonnen, also mehr als die Hälfte aller Sitze im Bundestag. Nun müssen sich zwei oder auch drei Parteien zusammentun, um eine Regierung zu bilden, die eine Mehrheit im Parlament hat. Man sagt, sie müssen eine Koalition bilden."
„Koa-was? Koalas?", wundert sich Leon.
Jana rollt mit den Augen.
„Das ist ähnlich wie hier in der Hausgemeinschaft", erklärt jetzt Mama. „Wir verstehen uns gut mit den Müllers, den Roths und den Kleins. Deswegen können wir die Schmids und die Hempels überstimmen, wenn die mal wieder wollen, dass der Basketballkorb wegkommt."
„Jetzt versteh ich", sagt Jana, „Koalition heißt Gleichgesinnte suchen!"
„Okay, aber was hat das alles mit einer Ampel und Jamaika zu tun?", fragt Leon.

Fraktion

Eine Fraktion ist ein Zusammenschluss von einer Gruppe von Abgeordneten mit ähnlichen politischen Ansichten in einem Parlament, meist sind sie von einer Partei.

Koalition

Eine Koalition bezeichnet ein zeitlich begrenztes Bündnis von Parteien, meistens für die Dauer einer Wahlperiode.

Koalitionsverhandlungen

Erlangt keine Partei die absolute Mehrheit der Stimmen, muss die Partei mit den meisten Stimmen Koalitionsverhandlungen aufnehmen. Absolute Mehrheit heißt: Eine Partei hat mehr Stimmen als alle anderen Parteien zusammen. Zum Koalieren verhandelt die Partei mit anderen Parteien. Gar nicht so einfach, weil sich in der Regel die Wahlprogramme und Ziele unterscheiden. Auf beiden Seiten müssen dann meist Zugeständnisse gemacht werden. Außerdem geht es darum, die Minister*innenposten untereinander aufzuteilen. Die Koalition wird mit einem Vertrag besiegelt und bleibt dann so für den Zeitraum einer Legislaturperiode.

Hat eine Partei zwar die meisten Stimmen, aber keine absolute Mehrheit, kann sie auch alleine, ohne Koalition, regieren. Das ist aber ziemlich riskant, denn sie kann sich bei Abstimmungen nie darauf verlassen, dass sie Verbündete hat und Entscheidungen durchkriegt. Man nennt das Minderheitsregierung.

Jamaika und Ampel

Den verschiedenen Parteien werden Farben zugeordnet (siehe Seite 29). Tun sich nun Konservative (schwarz), Grüne (grün) und Liberale (gelb) zusammen, wird dies Jamaika-Koalition genannt, weil es die Farben der jamaikanischen Flagge sind. Gehen Sozialdemokraten (rot), Liberale (gelb) und Grüne zusammen, nennt man das Ampel-Koalition.

Legislaturperiode

Eine Legislaturperiode bezeichnet die Zeit, in der eine Regierung am Ruder ist, bis zur nächsten Wahl.

WER HAT JETZT DAS SAGEN?

„Wer wird denn jetzt eigentlich Kanzlerin oder Kanzler?“, will Jana ein paar Tage nach der Bundestagswahl wissen.
„Hm, das hängt vom Ergebnis der Koalitionsverhandlungen ab“, antwortet Mama. „Jede der Parteien hat ja im Vorfeld der Wahl eine Kanzlerkandidatin oder einen -kandidaten aufgestellt. Hätte eine Partei die absolute Mehrheit, würde sie natürlich auch die Kanzlerin oder den Kanzler stellen. Wenn sich aber mehrere Parteien in einer Koalition zusammenschließen, müssen sie sich auf eine Person einigen!“
„Wenn sich eine Regierungskoalition gefunden und auf eine Person geeinigt hat, schlägt der Bundespräsident oder die Bundespräsidentin dem Bundestag den Kanzler oder die Kanzlerin vor. Und dann wird im Bundestag darüber abgestimmt“, ergänzt Anna.

Kanzler oder Kanzlerin

Alle vier Jahre wählen die Bürger*innen ihre Vertreter*innen im Bundestag. Der/die Bundespräsident*in schlägt dann die Kanzlerkandidatin oder den -kandidaten vor. Bekommt der oder die im ersten Wahlgang nicht die absolute Mehrheit (= Kanzlermehrheit), also mehr als 50 Prozent aller Abgeordnetenstimmen, folgt eine zweite Wahlphase. Dafür müssen die Fraktionen sich auf einen neuen Kandidaten oder eine neue Kandidatin einigen. Wenn in der zweiten Wahlphase wieder keine absolute Mehrheit erzielt wird, gibt es eine dritte Wahlphase. In der gewinnt der/die Kandidat*in mit den meisten Stimmen (relative Mehrheit). Danach muss der/die Bundespräsident*in sie oder ihn innerhalb von sieben Tagen ernennen oder den Bundestag auflösen.

ENTSCHEIDUNGEN

Wenig später fragt Mama, was denn jetzt mit dem geplanten Radausflug am Wochenende ist. Jana und Leon wollen, Papa und Anna wollen nicht. „Immer diese schwierigen Entscheidungen“, seufzt Mama. „Dann berufen wir heute mal einen kleinen Familienrat ein und fragen dann auch Oma und Opa. Die wollten wir ja auch mitnehmen. Zur Diskussion stehen Radausflug oder Flohmarkt!“

DEMOKRATIE KANN NERVEN

Papa mault, dass Demokratie ganz schön nervt. Früher hätte man gemacht, was die Älteren wollten. Anna schaut über ihre Brille: „Du musst die Basis, also uns, schon mitnehmen, sonst funktioniert es nicht. Genauso wie Kanzler*innen: Die müssen die Basis hinter sich haben und für ihr Volk da sein und der Demokratie dienen. So wie die neuseeländische Premierministerin, Jacinda Ardern, die ist dort so etwas wie die Kanzlerin. Sie hat in der Pandemie-Krise jeden Mittag um 13 Uhr eine Ansprache an ihr Volk – sie bezeichnet es als ihr 5- Millionen-Team – gehalten und ihm Mut gemacht. Find ich ziemlich cool, die Frau."

Vertrauensfrage

Ist sich ein/e Kanzler*in nicht sicher, ob noch eine Mehrheit hinter seiner/ihrer Politik steht, kann er/sie im Bundestag die Vertrauensfrage stellen. Stimmt die Mehrheit für ihn/sie, kann er/sie weitermachen.

Der Bundestag

kann einen Bundeskanzler oder eine Bundeskanzlerin auch abwählen, allerdings muss sofort jemand anderes stattdessen gewählt werden. Dieses Abwählen nennt man Misstrauensvotum. Das kommt aber ziemlich selten vor.

ES ALLEN RECHT MACHEN

„Gutes Beispiel, Anna! Und weil dieses Amt so wichtig ist, ist es ganz entscheidend, dass sich Kanzler*innen nicht nur mit dem Volk gut vertragen, sondern auch mit dem Bundestag", sagt Papa. „Ich zum Beispiel verstehe mich mit meiner Kanzlerin ganz ausgezeichnet!" Er nimmt Mama in den Arm und drückt ihr einen dicken Kuss auf die Wange.

„Iiih, du suchst die Nähe zur Staatsspitze, Paps, wenn dir das mal nicht auf die Füße fällt", lacht Anna. Mama drückt Papa das Geschirrtuch in die Hand: „Papa will in meiner Nähe sein? Bitte schön, dann darf er auch Geschirr abtrocknen!"

ZIVILCOURAGE

Jana ist aufgewühlt und Leon den Tränen nahe. Auf dem Heimweg von der Schule sind sie Zeugen einer sehr blöden Auseinandersetzung geworden.
„Die haben die beiden einfach vom Weg abgedrängt und schlimme Sachen gesagt", sagt Jana. Leon nickt. „Die beiden Mädchen waren schwarz und die Jungs, die ihnen entgegenkamen, haben sich über sie lustig gemacht und ihnen den Weg versperrt, das geht doch nicht!"
Leon ist richtig sauer: „Sie haben die Mädchen wegen ihrer Zöpfe und Kleider ausgelacht und gesagt, an ihnen sei wohl alles bunt – auch die Hautfarbe! So eine Gemeinheit!"

GEMEINSAM HANDELN

„Nein, das geht ganz und gar nicht, zumal der Streit ja offensichtlich etwas mit dem Aussehen der Mädchen zu tun hatte", sagt Papa und wackelt auffällig heftig mit dem Kopf.
Zwischen Mamas Augen hat sich eine steile Falte gebildet. „Was habt ihr gemacht?", fragt sie.
„Wir haben zwei Frauen auf der Straße gefragt, ob sie uns helfen würden, und dann haben wir uns einfach zu den Mädchen gestellt und sie zwischen uns genommen", sagt Jana.
„Gute Aktion!", Papa ist stolz. „Und die Jungs?"
„Sie haben noch ein bisschen gemault, aber dann haben sie sich verzogen, vor allem, als die eine Frau nach ihren Namen gefragt und das Handy gezückt hat." Leon grinst.
„Ihr habt euch gut verhalten. Hilfe holen und zusammenstehen, das ist richtig. Gemeinsam kann man etwas erreichen gegen solchen Rassismus", sagt Mama.
Und Papa ergänzt: „Ihr habt Zivilcourage gezeigt, das heißt, ihr habt in einer unvorhersehbaren Situation eingegriffen. Wichtig ist tatsächlich auch, in diesen Situationen einen kühlen Kopf zu behalten und zu entscheiden, wie man am besten hilft. Euch Beistand zu holen, war klug. Als eine Gruppe hattet ihr mehr Chancen!"
„Was hätten wir sonst tun können?", fragt Leon.
„Ihr hättet natürlich die Polizei holen können, nur das hätte gedauert. Oder ihr hättet laut um Hilfe rufen können, das macht andere aufmerksam. Aber so war es am wirksamsten!"
„Was können wir in Zukunft tun, um so was zu verhindern?", fragt Jana.
„Ihr könnt euch gegen Rassismus engagieren, zum Beispiel eine AG in der Schule gründen, die sich für die Einhaltung des obersten Menschenrechts einsetzt, also um den Satz: Die Würde des Menschen ist unantastbar – unabhängig von Herkunft, Geschlecht und Religion!", sagt Papa.

Zivilcourage

bezeichnet den Alltagsmut jedes und jeder Einzelnen, sich gegen Unrecht einzusetzen. Der Begriff kommt vom lateinischen Wort *civis* - das bedeutet Bürger*in - und dem französischen Wort *courage* - das heißt Mut.

Die Polizei hat einen Leitfaden für Zivilcourage:

Achtgeben: Hilf, aber bring dich nicht in Gefahr!
Die Polizei rufen unter der Nummer 110!
Hilfe holen: Bitte andere um Hilfe!
Details erkennen: Präge dir Einzelheiten rund um den Täter ein.
Mithelfen: Kümmere dich um das Opfer.
Mund aufmachen: Sage als Zeuge aus!

SOLIDARITÄT

„Nächste Woche soll es in der Innenstadt eine Lichterkette geben", sagt Anne, die gerade hereinkommt, „da können wir alle mitgehen. Da werden viele Menschen zusammenkommen, jeder wird seine Lampenfunktion am Handy anschalten und dann ziehen wir durch die Stadt, um ein Zeichen gegen Rassismus zu setzen!"
„Ist das eine Demo?", fragt Jana.
„Genau, eine Friedensdemo, bei der alle zeigen, wie sehr sie Rassismus verabscheuen! Das nennt sich Solidarität und ist ein demokratisches Zeichen, das vom Volk ausgeht, um manchen Mitmenschen zu sagen, dass sie sich falsch verhalten! Und vor allem auch, um Menschen, die vielleicht als Fremde zu uns kamen, zu sagen: Ihr seid willkommen!"
„Da gehen wir mit!", sagt Leon, der dafür sogar sein Fußballtraining sausen lassen würde. „Ich will so was wie heute nicht wieder erleben!"

Die Merkmale der Zivilcourage

Wer **Zivilcourage** zeigt, entscheidet sich spontan, einem Menschen zu helfen, der angegriffen oder gemobbt wird. Dabei werden auch Nachteile in Kauf genommen, zum Beispiel kann man dadurch selbst in Gefahr geraten. Die Gründe für Zivilcourage können Werte sein wie Menschenrechte oder Menschenwürde, Gerechtigkeit oder Hilfsbereitschaft.

Auch bei der **Hilfe** können die Helfer*innen in Gefahr geraten, zum Beispiel, wenn man einen Menschen vor dem Ertrinken retten will. Aber das Motiv für die Hilfe ist ein anderes, nämlich Leben zu retten.

Vier Merkmale, die Zivilcourage von Hilfe unterscheiden:

Altruismus: Das uneigennützige Handeln für andere.
Solidarität: Man fühlt sich mit den Ideen anderer verbunden und möchte ihre Werte teilen.
Mut: Die Kraft, sich auch in Gefahrensituationen für etwas stark zu machen.
Tapferkeit: Man steht zu dem, was man tut, auch nach der Tat und verteidigt diese Haltung. Das betrifft oft Journalist*innen, die nach der Veröffentlichung eines Artikels auch weiterhin dazu stehen. Oder Zeug*innen in einem Gerichtsprozess, die eventuell bedroht werden, wenn sie aussagen.

Whistleblower*innen

kann man mit *Aufdecker*in* übersetzen. Das sind z. B. Journalist*innen, die Geheimnisse enthüllen und veröffentlichen. Sie tun das trotz Androhung von Strafen.

WIR UND EUROPA

Papa sitzt vor einem Berg Akten. Er muss sich für die Arbeit mit EU-Beschlüssen herumschlagen.
„Was ist denn die EU?", fragt Leon.
„Die EU ist ein Zusammenschluss aus 27 europäischen Ländern, die auf demokratische Weise zusammenarbeiten und vor allem den Frieden sichern wollen", sagt Papa. „Eine Supersache, aber natürlich auch kompliziert, denn alle 27 Länder entsenden Abgeordnete in das EU-Parlament. Und natürlich hat jedes Land eigene Interessen. Irgendwann werden Beschlüsse gefasst und die müssen erst die Länder, dann die Bundesländer und schließlich die Gemeinden umsetzen."
Leon schüttelt den Kopf: „Das kann doch nicht gehen, wir als Familie werden uns ja schon manchmal nicht einig!"
„Es geht, aber manchmal ist es schon anstrengend", lächelt Papa.
Da kommt Anna herein: „Stellt euch vor, ich habe einen Praktikumsplatz bei der EU in Brüssel bekommen!"
„Und was wirst du da machen?", fragt Leon.

GURKEN FÜR EUROPA

„Ich mache ein Praktikum im Bereich Ernährung", sagt Anna.
„Wie jetzt, gehst du als Köchin nach Brüssel?", fragt Jana.
„Nein, aber man kann tatsächlich als Köchin im Europäischen Parlament sitzen", antwortet Anna. „Die Starköchin Sarah Wiener, die sich schon immer für die Politik der Grünen engagiert hat, ist für Österreich Abgeordnete im EU-Parlament. Ihr sind Nachhaltigkeit, guter Umgang mit Nahrung und Tieren wichtig. So kann sie Einfluss auf die Gesetzgebung nehmen – zumindest ein bisschen, denn im EU-Parlament sitzen über 700 Stimmberechtigte."
Beim Thema Kochen fällt Papa eine ziemlich lustige Geschichte zur EU ein. „Wie in allen Organisationen, geht auch in der EU nicht alles glatt. Einmal ging es sogar ziemlich krumm zu", erzählt er lachend. „1988 wurde eine Verordnung verabschiedet, um die landwirtschaftlichen Produkte der EU zu vereinheitlichen. Das betraf auch Salatgurken. Die sollten alle eine bestimmte Krümmung haben. Die Gurkenkrümmungsverordnung wurde von allen ausgelacht. Sie wurde wieder abgeschafft, aber immer noch sind die Gurken in Europa gerade."

Die Europäische Union = EU

Die EU ist kein Staat, sondern ein **Zusammenschluss von mehreren Staaten**. Derzeit besteht die EU aus 27 Mitgliedsstaaten. Alle Staaten in der EU sind selbstständig und haben eigene Regierungen und Parlamente.

Ziele der EU sind wirtschaftliche und soziale Sicherheit in Europa, Frieden und eine gemeinsame Politik zum Beispiel bei Landwirtschaft, Wissenschaft und Energiepolitik.

Im Jahr 2002 wurde eine **einheitliche Währung** eingeführt, der Euro. Die **Grenzkontrollen** wurden weitgehend abgeschafft, um den europäischen Warenaustausch leichter zu gestalten.

Die **EU** besteht aus dem **Europäischen Parlament**, dem **Europäischen Rat**, dem **Rat der europäischen Union** und der **Europäischen Kommission**.

Europäisches Parlament: Die Abgeordneten werden direkt alle fünf Jahre von der Bevölkerung der Mitgliedsstaaten gewählt.

Der **Europäische Rat** besteht aus den Staats- und Regierungschef*innen der EU-Mitgliedländer und kümmert sich um die wichtigsten Ziele der EU.

Der **Rat der Europäischen Union** setzt sich zusammen aus Minister*innen aus jedem EU-Land. Zusammen mit dem Europäischen Parlament ist er für die Rechtsetzung zuständig, also für die Gesetze.

Die Europäische Kommission steht über allem. Sie ist die Exekutive und entspricht der Regierung der EU. Sie wacht über die Einhaltung der EU-Gesetze. Ihre Mitglieder heißen EU-Kommissar*innen und werden vom EU-Parlament gewählt. Chef*in der Europäischen Kommission ist der Präsident oder die Präsidentin.

Früher gehörten viel weniger Staaten zur EU. Im Lauf der Zeit kamen immer mehr dazu.

DEN WELTFRIEDEN SICHERN

Mama erzählt, dass sich zwei der Nachbarn im Haus mächtig streiten, so sehr, dass sie einen Anwalt eingeschaltet haben.
„Aber das ist doch blöd. Wir müssen doch alle miteinander auskommen, wenn wir in einem Haus wohnen, oder?“, fragt Leon.
Und Jana ergänzt: „Wie soll das denn gehen, wenn die sich im Treppenhaus begegnen?“
Papa wackelt mit dem Kopf, also wird es kompliziert.
„Wenn wir es im Haus schon nicht schaffen, friedlich miteinander umzugehen, wie soll das dann zwischen Ländern klappen?“, fragt Jana.
Papa wackelt immer noch mit dem Kopf. „Ja, das ist eine der großen Aufgaben der Friedenspolitik und der Diplomatie!“

ORGANISATION DES FRIEDENS

„Seit es Menschen gibt, gibt es Kriege“, sagt Papa. „Leider wird auf der Welt immer irgendwo Krieg geführt. Seit 2022 auch in Europa. Nach dem Zweiten Weltkrieg hatte die ganze Welt genug von den Grausamkeiten. Und so wurde die UNO gegründet. Sie kümmert sich um die Einhaltung der Menschenrechte und um Friedenssicherung.“
Hat das was mit dem Kartenspiel UNO zu tun?“, fragt Leon verwirrt.

Die UNO

Die Organisation der Vereinten Nationen wurde 1945 gegründet. Heute hat sie 193 Mitgliedsstaaten. Ziel der UNO ist die Sicherung des Weltfriedens, die Bekämpfung von Hunger und Armut und das Erreichen von wirtschaftlicher, sozialer und humanitärer Sicherheit. Grundlage der UNO ist die Charta (=Verfassung) der Vereinten Nationen, die 1945 von 50 Staaten unterzeichnet wurde und drei Jahre später durch die Menschenrechtskonvention ergänzt wurde. Hauptsitz der UNO ist New York. Auch der Internationale Gerichtshof in Den Haag gehört zur UNO, dort werden Kriegsverbrechen verhandelt.

„Quatsch!“, sagt Jana genervt. Aber sie hat auch eine Frage: „Was macht die UNO denn, wenn irgendwo Krieg ist?“
„Da kommen dann Friedensunterhändler*innen und reden mit den jeweiligen Regierungen. Manchmal mit, sehr oft ohne Erfolg. In dem Job muss man Geduld haben. Wenn nichts geht, dann unterstützt die UNO wenigstens die Bevölkerung mit Hilfslieferungen. Außerdem wird dann weltweit verhandelt, welche Sanktionen man anordnen könnte, um die Länder zur Einsicht zu bringen!“, sagt Papa.
„Was sind denn jetzt wieder Sanktionen?“, fragt Leon.
„Ganz einfach: Strafen!“
„Und wer kümmert sich noch um den Frieden?“, will Jana wissen.
„Darum sollten wir uns alle kümmern. Aber immer wieder gab es regelrechte Wellen der Friedensbewegung. In den 1960er-Jahren haben die Leute gegen den Vietnamkrieg protestiert und mit dem Spruch *Liebe & Frieden* zu mehr Frieden aufgefordert“, erzählt Mama.

Mit Dynamit zum Frieden

Jedes Jahr wird in Stockholm der Friedensnobelpreis verliehen. Ihn erhalten Personen, die es geschafft haben, dass sich Völker wieder vertragen, dass Heere abgezogen werden oder dass Friedenskongresse stattfinden. Der Stifter des Preises, der Chemiker Alfred Nobel (1833–1896), erfand das Dynamit und war sogar Besitzer einer Waffenfabrik. Er dachte, wenn die Waffen nur gefährlich genug wären, würde das die Menschheit abschrecken, Krieg zu führen. Das hat aber nicht geklappt.

Auf Abschreckung setzten auch die Ostmächte unter Führung der Sowjetunion und die sogenannten Westmächte unter Führung der USA nach dem Zweiten Weltkrieg. Sie hielten sich gegenseitig mit Androhungen in Schach. Damals gab es unglaublich viele Agent*innen, die Nachrichten von einer zur anderen Seite brachten. Man nannte es den Kalten Krieg.

Der Friedenssatz

Die Allgemeine Erklärung der Menschenrechte (AEMR) wurde 1948 beschlossen. Sie besteht aus 30 Artikeln. Man bezeichnet die Erklärung als Ideal – und die Länder müssen sich nicht daran halten. Leider. Aber man kann den ersten Artikel nicht oft genug wiederholen:
„Alle Menschen sind frei und gleich an Würde und Rechten geboren. Sie sind mit Vernunft und Gewissen begabt und sollen einander im Geist der Brüderlichkeit begegnen.“

Symbole der Friedensbewegung

In der Hippie-Bewegung der 1960er-Jahre, die auch ein Protest gegen den Vietnamkrieg war, wurde das Peace-Zeichen berühmt. Peace heißt Frieden.

In den 1980er-Jahren war die Friedensbewegung auch gegen Atomkraft unterwegs und entwickelte das berühmte Atomkraft-Nein-Danke-Zeichen.

Die PACE-Regenbogenfahne stammt aus Italien (pace = Frieden). Sie wurde 1961 für einen Friedensmarsch erfunden. 2002 wurde sie zum Symbol für „Frieden von allen Balkonen“. Noch heute sieht man sie dort hängen.

Die Taube ist ein Friedenssymbol aus der Bibel und steht für den Weltfrieden.

HELFEN WELTWEIT

Es ist kurz vor Weihnachten und Mama hat ihrer Firma vorgeschlagen, ein Hilfsprojekt zu unterstützen. Es wurde Geld gesammelt und davon wurden Hilfsgüter für ein Flüchtlingslager an der syrischen Grenze gekauft. „Wie kommen die Sachen denn dorthin?", fragt Jana. „Das machen wir zusammen mit einer Organisation von Freiwilligen, die schon seit Jahren mit Lastwagen Hilfsgüter direkt in diese Krisengebiete bringen", sagt Mama. „So können wir sicher sein, dass die Mittel direkt bei den Menschen ankommen."

JEDE HILFE ZÄHLT

„Cool", meint Jana, „aber warum helfen denn da nicht die Staaten?" „Das tun sie, die Bundesrepublik Deutschland und zahlreiche andere Länder geben viel Geld für humanitäre Hilfe aus. Doch jeder und jede Einzelne kann eben auch etwas tun und das ist auch nötig, denn es reicht nie", sagt Mama. Jana nickt traurig. „Die reichen Länder, man nennt sie auch Geberländer, versuchen, die armen zu unterstützen. Und wo Hilfe nötig ist, wird sie auch gegeben. Aber wir Bürger*innen können ebenso unseren Beitrag leisten, indem wir spenden oder aktiv mitarbeiten. In meiner Firma sammeln wir Geld und Sachspenden und übergeben sie an eine international arbeitende Organisation. Es ist wichtig, dass die Organisationen von den Ländern, die sie beliefern, auch akzeptiert werden. Das Auswärtige Amt sorgt dafür, dass diese internationalen Beziehungen stimmen."

KINDER HELFEN KINDERN

Jana versteht jetzt, warum Mama Spielzeug, Kinderkleidung und Verbandszeug sammelt, um es in das Krisengebiet zu schicken. „Könnte ich mit meiner Klasse auch einen Beitrag leisten?", fragt sie. „Natürlich! Veranstaltet doch auf dem Weihnachtsbasar eine Tombola und spendet den Erlös, zusammen mit einem Brief oder gemalten Bildern, denn die können überall auf der Welt gelesen werden. Eure Lehrerin hilft euch beim Aussuchen der Hilfsorganisation. Vielleicht kann sogar nicht nur deine Klasse, sondern die ganze Schule mitmachen, dann ist das zum einen eine gute Sache, aber auch ein schönes Zeichen, wie eng ihr als Schule zusammenhaltet."

Bei Hilfsprojekten gelingt, was sonst schwierig ist: Alle Länder helfen zusammen!

Humanitäre Hilfe

Humanitäre Hilfe unterstützt Menschen, die sich aufgrund von Krisen, Katastrophen oder Konflikten in akuter Not befinden und sie nicht alleine bewältigen können. Das Ziel ist es, die Not zu lindern und den Menschen einen Weg aufzuzeigen, wie es weitergehen kann.
Da humanitäre Hilfe meistens unter hohem Zeitdruck und bei unsicherer politischer Lage geleistet werden muss, gelten die sogenannten humanitären Prinzipien: Menschlichkeit, Neutralität, Unparteilichkeit, Unabhängigkeit.
Menschlichkeit bedeutet, dass menschliches Leid so gut wie möglich gelindert werden soll.
Neutralität heißt, dass in Konflikten für keine Seite Partei ergriffen wird.
Unparteilichkeit besagt, dass die Hilfe sich nur nach der Bedürftigkeit richtet, niemand darf benachteiligt werden.
Unabhängigkeit bedeutet, dass keine anderen Ziele (zum Beispiel politische oder wirtschaftliche) verfolgt werden – es geht nur darum, Leben zu retten und Leid zu vermindern.

Beispiele humanitärer Hilfe:

- **Flüchtlinge aus Krisengebieten werden versorgt.**
- **Bei Naturkatastrophen werden in Länder, die sich nicht selber helfen können, Hilfstruppen und Hilfsgüter entsendet.**
- **Bei einer Hungersnot werden Nahrungsmittel geschickt.**
- **Bei einer Pandemie werden für bedürftige Länder Impfstoffe gekauft.**
- **Nach Kriegen, Katastrophen oder in Krisen werden Hilfstruppen in den betroffenen Ländern stationiert, um das Land wiederaufzubauen.**

Wer hilft? – humanitäre Organisationen

Neben den großen Weltkirchen helfen rund 200 weltweit arbeitende Organisationen. Sehr bekannt sind das Rote Kreuz, die Rothalbmond-Bewegung, das UN-Kinderhilfswerk UNICEF und Ärzte ohne Grenzen.

Das Rote Kreuz

Henry Dunant

Als 1859 der Schweizer Geschäftsmann Henry Dunant (1828 – 1910) bei einem Aufenthalt in Italien 1859 sah, wie sehr die Verwundeten und die Bevölkerung nach der Schlacht von Solferino litten, handelte er sofort. Zusammen mit der Zivilbevölkerung half er allen Verwundeten, ungeachtet ihrer Nationalität. Dann schrieb er ein Buch über seine Erlebnisse, ließ es auf eigene Kosten drucken und verteilte es in Europa, um auf die schlimmen Zustände aufmerksam zu machen. Es gab ja noch kein Radio, kein Fernsehen, geschweige denn Internet.
1863 gründete er in Genf das Internationale Komitee vom Roten Kreuz. Ein Jahr später wurde die Genfer Konvention erlassen, die als Vorbild für alle humanitäre Hilfe gilt. 1901 erhielt Henry Dunant den ersten Friedensnobelpreis für seine Arbeit.
Schon Dunants Eltern kümmerten sich um Arme, Waisen und Kranke in ihrer Stadt. Ihr soziales Engagement gaben sie an ihren Sohn Henry weiter, der daraus ein weltweites Projekt machte.

WELTWEIT WICHTIGE GESETZE

Leon hat seine Fußballtasche gepackt. Allerdings nicht mit Sportsachen, sondern mit seinem Teddybären, ein paar Nussriegeln und einer Flasche Wasser. „Ich wandere aus", verkündet er beim Frühstück.
Seine Familie blickt auf. „Und wohin?", fragt Papa. „Egal, einfach weg, irgendwohin, wo man mich hört und ich was zu sagen habe", sagt er.
Mama ist ganz besorgt. „Wir hören dir doch zu!"
„Aber immer fällt mir jemand ins Wort und wenn ich etwas nicht verstehe, dann macht ihr euch lustig. Das ist aber nicht lustig!", Leons Stimme zittert.
Mama sagt: „Da waren wir nicht fair zu dir. Es tut mir leid. Jeder Mensch, egal wie alt, hat das Recht, ernst genommen zu werden. Schließlich hat die Menschheit ganz schön lange gebraucht, um zu dieser Erkenntnis zu kommen. Leider sind wir noch weit davon entfernt, es auch umzusetzen."

EIN LANGER WEG

„Kein Gesetz entsteht über Nacht – auch nicht die Menschenrechte", sagt Papa, „von der Magna Carta, über die Bill of Rights, die amerikanische Verfassung, die Französische Revolution bis hin zur demokratischen Grundordnung, der Menschenrechtskonvention und dem Grundgesetz war es ein weiter Weg."
Über Papas Erklärungen hat Leon völlig vergessen auszuwandern. „Also hat das mit der Demokratie ein paar Tausend Jahre gedauert?", fragt er verdutzt.
„Ja, auch wenn uns das heute so logisch wie einfach erscheint, es braucht Zeit, Dinge zu Ende zu denken. Und es ist leider auch viel Blut geflossen, bis es so weit war."
Papa räuspert sich. „Aber vielleicht können wir in unserer kleinen Familie alles ein wenig schneller vorantreiben. Wir werden in Zukunft sehr genau darauf achten, dass alle die gleiche Redezeit haben und das alle ernst genommen werden."
Leon nickt, hat aber seine Zweifel. Papa redet einfach selbst zu gerne, vor allem über Politik!

Der Weg der Demokratie

Begonnen hat alles um das Jahr 400 v. Chr. im antiken Griechenland, wo die **attische Demokratie** entstand. Allerdings galt sie nur für die Männer Athens.

Dann verging eine lange Zeit, bis 1215 der englische König Johann Ohneland die **Magna Carta** (= Urkunde der Freiheit) besiegelte, ein neues Rechtssystem. Es war der Vorläufer der **Gewaltenteilung**, und ein wichtiger Schritt in Richtung Demokratie.

Die **Bill of Rights** ist ein Gesetzentwurf, der 1689 in England beschlossen wurde. Er bestätigt eine Mitsprache der Volksvertreter*innen bei Gesetzen und beim Regieren.

1787 wurde die **Verfassung der Vereinigten Staaten von Amerika** verabschiedet. Hier werden die Grundrechte des Menschen abgebildet, aber auch die Mitsprache des Volkes bekräftigt.

Nach der **Französischen Revolution** 1789 wurde der Leitsatz ausgegeben, der bis heute der Wahlspruch der Französischen Republik ist: *„Liberté, Égalité, Fraternité = Freiheit, Gleichheit, Brüderlichkeit"*. Brüderlichkeit bedeutet, dass alle Menschen gleichwertig sind und die gleiche Menschenwürde besitzen.

1948 wurde auf der Generalversammlung der Vereinten Nationen die **Menschenrechtskonvention** verabschiedet, deren Leitsatz ist: *„Alle Menschen sind frei und gleich an Würde und Rechten geboren."*

1949 verabschiedete die frisch gegründete Bundesrepublik Deutschland ihr **Grundgesetz** mit den folgenden ersten beiden Artikeln:
(1) Die Würde des Menschen ist unantastbar. Sie zu achten und zu schützen ist Verpflichtung aller staatlichen Gewalt.
(2) Das deutsche Volk bekennt sich darum zu unverletzlichen und unveräußerlichen Menschenrechten als Grundlage jeder menschlichen Gemeinschaft, des Friedens und der Gerechtigkeit in der Welt.

Das ganze Grundgesetz findet sich unter https://www.bundestag.de/gg

Die Freiheit

jedes und jeder Einzelnen war eine große Errungenschaft. Bis heute gibt es aber Länder auf der Welt, in denen sich die Menschen nicht frei bewegen, nicht frei wählen dürfen oder nicht frei im Glauben sind. Die Demokratie hat weltweit noch einen weiten Weg vor sich.

WAS WIR UNS WÜNSCHEN

Leon hat endlich seinen eigenen Staat gegründet, seine Geschwister und Mama und Papa dürfen mitmachen. „Unser Land heißt Kinderland“, sagt er feierlich. „Es ist demokratisch. Jede Bürgerin und jeder Bürger darf bei den Gesetzen für dieses Land mitreden.“
Da hat Anna eine Idee: „Lass uns doch eine große Wunschliste machen mit allem, was uns für uns und für die Zukunft von unserem Land wichtig ist. Und dann können wir darüber abstimmen.“ Die Idee finden alle gut. Papa holt ein großes Blatt Papier. Dann schreiben die Kinderlandbürger*innen ihre Namen oben rauf. Mama macht mit großen Strichen eine Tabelle daraus und dann schreiben alle ihre Wünsche und Ideen in die Wünscheliste.

DAS ERGEBNIS

Die Bürgerinnen und Bürger vom Kinderland haben sehr eifrig die Wünscheliste befüllt. Dabei sind viele tolle Vorschläge zusammengekommen. „Und was machen wir jetzt damit?“, fragt Leon, der noch nicht so viel Erfahrung mit seinem Staat hat.
Mama schlägt vor, dass sie alle Wünsche einmal vorliest. Das finden alle gut. Mama liest jeden Wunsch vor, bei einigen wird gekichert. Danach meint Anna, dass es doch schade wäre, über die Wünsche abzustimmen, weil alle Wünsche wichtig sind.
Wieder murmelt die Bevölkerung vom Kinderland zustimmend. „Dann lasst uns doch alle Wünsche erfüllen“, schlägt Leon vor. „Wir schauen mal, wie viele wir schaffen“, meint Papa.
„Es ist auf jeden Fall eine sehr gute Grundlage für ein zufriedenes Land. Das hängen wir uns auf, sodass wir es immer anschauen können.“ „Oma und Opa werden staunen“, sagt Jana.

Hört uns zu

Leon hat kleine Buttons gebastelt mit dem Spruch „Hört uns zu“. Vielleicht nützt es was. Denn: auch ganz kleine Aktionen können was bewirken!

Kinderland-Wunschliste

Leon: Hört mir zu. Computerspielen wird ein Schulfach. Es geht immer jemand mit mir zum Fußball. Mindestens zweimal pro Woche gibt es Pizza und Nudeln mit Tomatensoße.
Jana: Die Umwelt muss besser geschützt werden, dafür müssen wir als Land was machen. Wir sind ein tierliebes Land und retten die Bienen und holen uns einen Hund aus dem Tierheim als Haustier.
Anna: Wir lassen jeden Menschen, der möchte, bei uns mitmachen. Bei meinem Praktikum in der EU werde ich versuchen, gute Beziehungen zu unseren Nachbarländern aufzubauen. Wir trennen alle den Müll!
Mama: Wir sind für den Weltfrieden und lehnen Gewalt ab. Wir machen einmal im Monat eine Radtour in die Natur. Wir pflanzen zusammen einen Baum.
Papa: Wir sind für Gleichberechtigung und gegen Diskriminierung jeder Art. Ich darf allen am Sonntag was aus der Zeitung vorlesen. Wir reden einmal pro Woche über Politik.

GLOSSAR

Abgeordnete*r: Eine Person, die von Wahlberechtigten gewählt wurde, um in einer politischen Versammlung, zum Beispiel im Parlament, eine bestimmte Partei zu vertreten.

Anarchist*in: Ein Mensch, der die Macht des Staates oder andere hierarchische Ordnungen ablehnt und stattdessen eine Gesellschaft haben will, die sich durch freiwillige und selbstbestimmte demokratische Zusammenschlüsse organisiert.

Bürgerrechte: Die Rechte, die alle Bürger*innen eines Landes besitzen, zum Beispiel das Wahlrecht.

Demokratie: Die Herrschaft des Volkes (direkte Demokratie) oder gewählter Vertreter*innen des Volkes (indirekte Demokratie).

Diktator*in: Ein Herrscher oder eine Herrscherin, der oder die die absolute Macht besitzt.

Exekutive: Der Teil des Staates, der für die Ausführung der Gesetze verantwortlich ist. Organe der öffentlichen Verwaltung wie die Polizei sorgen dafür, dass die Gesetze befolgt werden.

Faschismus: Ein politisches System, das auf Diktatur, Zentralisierung der Macht, starker Militärpräsenz und starkem Nationalismus beruht.

Föderation: Ein Zusammenschluss kleinerer Staaten oder Provinzen, der sowohl zentral als auch dezentral regiert wird. Deutschland ist eine föderale Republik.

Ideologie: Ein System von Überzeugungen und praktischen Ideen zur Erreichung eines politischen Ziels, zum Beispiel einer sozialistischen Gesellschaft.

Judikative: Der Teil des Staates (meist getrennt von der Regierung), der für die Auslegung der Gesetze und die Rechtsprechung zuständig ist.

Kapitalismus: Ein Wirtschaftssystem, in dem die Produktion, die Verteilung und der Handel mit Gütern und Dienstleistungen größtenteils in privaten Händen liegen und das nach den Regeln des freien Markts funktioniert.

Koalition: Ein zeitlich begrenztes Bündnis, zum Beispiel zwischen politischen Parteien, die zusammenarbeiten, um die benötigte Stimmenmehrheit zur Regierungsbildung zu erhalten.

Kommunismus: Eine politische Ideologie mit dem Ziel einer klassenlosen Gesellschaft, in der es kein Privateigentum gibt und die Wirtschaftsgüter zu gleichen Teilen allen gehören.

Konservativ: Eine Einstellung, bei der man das Traditionelle schätzt und dem Wandel gegenüber skeptisch ist.

Legislative: Eine Versammlung, in der Gesetze erlassen werden, zum Beispiel das Parlament.

Liberal: Eine Einstellung, die Menschen und Unternehmen Freiheit zur Entfaltung geben möchte.

Menschenrechte: Die grundlegenden Rechte, die jedem Menschen zustehen, zum Beispiel das Recht auf Sicherheit.

Monarchie: Die vererbte Herrschaft einer Einzelperson, zum Beispiel eines Königs oder einer Königin. Ein absoluter Monarch hat uneingeschränkte Macht, ein konstitutioneller Monarch hat begrenzte Macht.

Opposition: Die Partei oder die Parteien der Legislative, die gerade nicht an der Macht sind.

Parlament: Eine Versammlung der Legislative eines Landes, die in Deutschland zum Beispiel aus zwei Kammern besteht: Bundestag und Bundesrat.

Partei: Ein Zusammenschluss von Menschen, die in vielen Dingen derselben Meinung sind und sich damit politisch engagieren und in die Regierung gewählt werden können.

Politik: Politik regelt das Zusammenleben von Bürger*innen und Staaten. Gemeint sind damit zum Beispiel Strategien, die gesellschaftliche oder wirtschaftliche Veränderungen bewirken, und Angelegenheiten, die die Regierung oder internationale Beziehungen betreffen.

Präsident*in: Ein Staatsoberhaupt mit hauptsächlich repräsentativen Aufgaben ist zum Beispiel der oder die deutsche Bundespräsident*in. Ein Staatsoberhaupt, das selbst große Macht und Einfluss auf die Politik hat, ist zum Beispiel der oder die amerikanische Präsident*in.

Regierung: Eine Gruppe von Menschen, die die Politik eines Landes gestaltet und wichtige Entscheidungen für die Bevölkerung trifft.

Regierungschef*in: Der Chef oder die Chefin einer amtierenden Regierung kann zugleich auch das Staatsoberhaupt sein (wie der oder die Präsident*in der USA) oder die Ämter sind getrennt (wie in Deutschland). Die Begriffe für Regierungschef*in unterscheiden sich von Land zu Land. In Deutschland heißt es Bundeskanzler*in, in Großbritannien Premierminister*in.

Sozialismus: Ein politisches System, das – im Gegensatz zum Kapitalismus – die Wirtschaft stärker kontrollieren will, um den Wohlstand einer Gesellschaft ausgewogener zu verteilen.

Staatsoberhaupt: Hauptvertreter*in eines Landes. Er oder sie kann abhängig von der Verfassung des Landes sein (als Präsident*in oder König*in einer konstitutionellen Monarchie) oder uneingeschränkte Macht besitzen (als Diktator*in).

Verfassung: Die schriftlich festgelegten Regeln und Strukturen, auf deren Basis ein Staat regiert wird.

Verhältniswahl: Wahlsystem, bei dem die Sitze einer Partei im Parlament im Verhältnis zur Anzahl der Wählerstimmen verteilt werden.

Zensur: Die Unterdrückung der freien Meinungsäußerung, zum Beispiel in der Presse.

REGISTER